Inmigración y asilo

Antonio Javier Trujillo Pérez y Juan Miguel Ortega Terol
Coordinadores

Investigaciones realizadas y publicadas con el apoyo de la
Consejería de Gobernación de la Junta de Andalucía
y del Ministerio de Ciencia e Innovación

Inmigración y asilo

Problemas actuales y reflexiones al hilo de la nueva
Ley reguladora del derecho de asilo y
de la protección subsidiaria y
de la entrada en vigor del Tratado de Lisboa

Antonio Javier Trujillo Pérez y Juan Miguel Ortega Terol
Coordinadores

José H. Fischel de Andrade
Juan Miguel Ortega Terol
Marta Sainz de Baranda Cañizares
Ana Salinas de Frías
Ángel Sánchez Legido
Antonio Javier Trujillo Pérez
Fulvio Vassallo Paleologo

sequitur

sequitur [sic: *sékwitur*]:
Tercera persona del presente indicativo del verbo latino *sequor*:
procede, prosigue, resulta, sigue.
Inferencia que se deduce de las premisas:
secuencia conforme, movimiento acorde, dinámica en cauce.

Esta publicación ha sido posible gracias a la subvención otorgada por la
Consejería de Gobernación de la Junta de Andalucía al proyecto
"Inmigración, integración social y derechos humanos:
formación para una sociedad intercultural" (Ref. 2008/87)

Diseño cubierta: Bruno Spagnuolo

© Ediciones sequitur, Madrid, 2010

www.sequitur.es

ISBN: 978-84-95363-72-5

Depósito legal: M-51807-2009

Impreso en España

Índice

Presentación:
Asilo y refugio en Europa, de la vocación protectora al temor al otro y a la pulsión por la seguridad

Juan Miguel Ortega Terol

El convulso inicio del siglo XX alumbró la necesidad de otorgar protección a las personas que se vieron obligadas a buscarla más allá de sus fronteras, ante la imposibilidad de encontrar refugio dentro de las propias. Algunos tratados internacionales, entre los cuales cabe señalar el que se dirigía a resolver la cuestión de los refugiados españoles, pretendieron dar cobertura a situaciones particulares. Pero sería la hecatombe que siguió al delirio racista y expansionista nazi la que puso de manifiesto que era necesaria una solución más general. Fruto de ello sería la Convención de Ginebra, que todavía se mostraría limitada y desbordada por los múltiples conflictos y sátrapas que no han dejado de surgir a escala mundial, y requirió una adecuación que se vio reflejada en el Protocolo de Nueva York a la misma.

No obstante, y aunque desde una óptica bienintencionada el estatuto de refugiado goza de un cierto prestigio en tanto que institución protectora de los derechos más elementales, la realidad es tozuda, como puede derivarse de la enorme cantidad de personas que son objeto de asistencia por el Alto Comisionado de Naciones Unidas para los Refugiados. Además, desde un punto de vista jurídico, la cuestión adquiere una gran complejidad que se traduce en una multiplicidad de calificaciones de las situaciones subjetivas (bajo el paraguas de lo que se entiende coloquialmente como refugiado, desde una perspectiva jurídica más rigurosa se sitúan, junto a esa figura en sentido estricto, el asilo y los desplazados internos) y de formas de protección (el refugio tiene un alcance más limitado que el asilo y la llamada protección subsidiaria trata de dar respuesta a las situaciones que no encajan en las figuras anteriores).

En este contexto, los tan traídos y llevados valores europeos parecen traducir una visión de ingenuo buenismo sobre el papel de Europa como tierra de asilo. Ciertamente, la defensa de los derechos y libertades más fundamentales constituye uno de los ejes vertebradores de la reciente historia política del continente. Y, en este sentido, las apelaciones a una tradición de acogida, en particular en lo que se refiere a la protección de la disidencia política, son una constante en la literatura al respecto. ¿O no fue en Francia donde el líder de la revolución islámica iraní encontró protección frente a la persecución del Shah de Persia?

Sin embargo, dicha perspectiva merecería algunas consideraciones críticas. Y es que la vocación de apertura de las fronteras internas entre los Estados miembros, de las Comunidades Europeas primero, de la Unión Europea en la actualidad, debía aparejar una mayor intensidad del control en los límites con terceros Estados. Así, pronto aparecería la llamada "Europa fortaleza". De esta forma, la necesidad de establecer unos filtros más rigurosos a los flujos migratorios que, por una obvia desigualdad económica, se sienten llamados a la prosperidad europea, ha traído en paralelo una consideración más estricta de las instituciones protectoras del asilo y el refugio, contempladas como "medidas complementarias" a la consecución de la libre circulación de personas. En esta dirección, no se ha ocultado en el debate consecuente a las diversas iniciativas comunitarias e internas tendentes a regular ambas instituciones un deseo de evitar su uso fraudulento con fines de "mera" migración económica.

En el conjunto de eso que se ha dado en llamar el proceso de construcción europea, lo que empezó siendo una cuestión objeto de un limitado interés en la cooperación intergubernamental a doce —y todavía más restringido en cuanto a la participación en el sistema de Schengen—, se incorporaría en el Tratado de Maastricht —si bien aún en el marco de la intergubernamentalidad del tercer pilar, dedicado a los asuntos de justicia e interior—, y pasaría, con algunas limitaciones, al pilar supranacional en el Tratado de Amsterdam, ya bajo la rimbombante rúbrica para el establecimiento del "Espacio de Libertad, Seguridad y Justicia". Y ahora, con el Tratado de Lisboa, se dirige a la consecución de un Sistema Europeo Común de Asilo, cuyas siglas en español (SECA) no favorecen una visión estimulante del mismo, habida cuenta del impacto que las tendencias en pos de la seguridad, tras el velo de la lucha contra el terrorismo islamista, tiene en este ámbito. Así las cosas, el Consejo Europeo se ha fijado 2012 como meta para el establecimiento de un procedimiento único de asilo.

Nuestro país no ha sido ajeno a esta evolución y hemos asistido a tres iniciativas legislativas. Primero por la necesidad de dar cumplimiento a las previsiones constitucionales alumbradas con la llegada de la democracia, a las que respondía la Ley 5/1984. Después, junto a una serie de adecuaciones que venían siendo reclamadas por la doctrina y por los operadores jurídicos con inquietudes en este terreno –como la vinculación de la protección del asilo al reconocimiento de la condición de refugiado–, la Ley 9/1994 ya anunciaba el acompasamiento de nuestra regulación a la de nuestros socios europeos. Finalmente, el último día de octubre de 2009, veía la luz la Ley reguladora del derecho de asilo y de la protección subsidiaria.

En estas páginas podrán encontrar un detenido análisis de la misma, a cargo del Profesor Angel Sánchez Legido, complementado con un detallado estudio del proceso parlamentario que ha llevado a su adopción, obra del Profesor Antonio Javier Trujillo Pérez. Junto a él, se incluyen estudios de aspectos muy significativos de los desarrollos legislativos, tanto desde el punto de vista europeo como español, como es la incorporación del enfoque de género en las figuras protectoras analizadas, realizado por la Profesora Ana Salinas de Frías, y la delicada cuestión de la información sobre la situación en los países de origen de las personas que buscan refugio, con una útil perspectiva desde la práctica, desarrollado por Marta Sainz de Baranda Cañizares. El panorama centrado en el continente europeo se completa con el trabajo del Profesor Fulvio Vasallo Paleologo que viene a incorporar la perspectiva, particularmente sensible en este contexto en los últimos tiempos, de Italia. Y la totalidad de los trabajos mencionados adquieren un interesante complemento en la perspectiva latinoamericana de la cuestión trazada por José Henrique Fischel de Andrade. Por último, cabe mencionar que los trabajos aquí presentados se enmarcan dentro del proyecto de investigación del Plan Nacional I+D SEJ04769-2006/JURI y qu esta publicación ha sido posible gracias a la subvención otorgada por la Consejería de Gobernación de la Junta de Andalucía al proyecto "Inmigración, integración social y derechos humanos: formación para una sociedad intercultural" (Ref. 2008/87);

Pasen y lean.

1. Entre la obsesión por la seguridad y la lucha contra la inmigración irregular: a propósito de la nueva Ley de asilo[1]

Angel Sánchez Legido[2]

El 31 de octubre de 2009, el Boletín Oficial del Estado publicaba la nueva "Ley reguladora del derecho de asilo y de la protección subsidiaria".[3] Por casualidades del destino, su entrada en vigor veinte días después ha venido a coincidir con una fecha especialmente señalada, al conmemorarse en ella el vigésimo cuarto aniversario de un acontecimiento decisivo para muchos exiliados españoles. Se culminaba así un proceso legislativo iniciado cerca de un año antes con la presentación del correspondiente proyecto de ley,[4] y se introducía con ello la tercera gran reforma del régimen de asilo en nuestro país.[5] Las razones que están detrás de la última modificación son en buena medida, sin embargo, diferentes a las que subyacían a las dos anteriores. La primera, con la Ley 5/1984, obedecía a la necesidad de colmar el vacío que representaba la ausencia de una regulación en la materia en un país que, durante muchos años, había sido tierra no de

---

1. La presente contribución ha sido publicada previamente en el número 18 de la *Revista Electrónica de Estudios Internacionales* (www.reei.org).
2. Profesor Titular de Derecho Internacional Público, Universidad de Castilla-La Mancha.
3. Ley 12/2009, BOE n° 263.
4. BOCG, Congreso, IX Legislatura, Serie A, n° 13-I, de 19-XII-2008.
5. Pese a la relevancia de la modificación introducida por la disposición adicional 29ª de la denominada Ley de Igualdad -LO 3/2007, de 22 de marzo, para la igualdad efecti-

Angel Sánchez Legido

refugio sino de exilio, dando cumplimiento al mandato de desarrollo previsto en el artículo 13.4 de la Constitución.[6] La segunda, con la ley 9/1994, trataba de corregir los supuestos excesos materiales y las deficiencias procedimentales a que había conducido la aplicación de la primera, a cuyo efecto se optó, de una parte, por suprimir la dualidad entre derecho de asilo y condición de refugiado en que se basaba la primera y, de otra, por introducir procedimientos específicos para hacer frente a las, a decir del legislador, frecuentes pretensiones de uso abusivo o fraudulento del derecho a solicitar asilo.[7]

Sin perjuicio de que la nueva ley aspire también, como reza su exposición de motivos, a "servir de instrumento eficaz para garantizar la protección internacional de las personas a las que les es de aplicación", el factor fundamental que ha motivado su adopción es la necesaria adaptación de nuestro ordenamiento al derecho comunitario en la materia.

Sin pretensiones de exhaustividad, tras una breve referencia a la normativa de cuya transposición se trata (II), el grueso del presente trabajo se orientará a un análisis selectivo del nuevo régimen español de asilo de cara a apreciar si, efectivamente, el margen de maniobra del que ha dispuesto nuestro legislador contribuye realmente al citado objetivo de garantizar una protección eficaz a quienes por motivos de persecución o de amenaza a sus más preciados derechos en sus países de origen llegan a España tras verse obligados a huir de sus países de origen. De cara a ofrecer una cabal valoración, en las páginas sucesivas se tratará de contestar, desde la perspectiva de la nueva ley a dos tipos de preguntas: quién tiene derecho a ser

---

tiva entre hombres y mujeres- con el fin de incorporar entre las circunstancias para el reconocimiento del derecho de asilo la persecución por motivos de género -disposición adicional 3ª de la Ley 5/1984-, no deja de tratarse en este caso de una modificación de carácter puntual y no una reforma que implique un cambio general del modelo español de protección.

6. Sobre la ley de 1984 y su aplicación judicial, C. ESCOBAR HERNÁNDEZ, "Asylum and Refugee Status in Spain", IJRL, vol. 4 (1992), pp. 58 y ss.; o J..M. ORTEGA TEROL, "Algunas cuestiones acerca del derecho de asilo y refugio (Examen jurisprudencial y perspectivas de desarrollo legislativo", *Revista del Centro de Estudios Constitucionales*, nº 16 (1993), pp. 135 y ss.

7. Véase, en un tono muy crítico, M.L. ESPADA RAMOS, "El derecho de asilo a revisión: los costes de la coherencia con Europa", *Revista del Instituto Bartolomé de las Casas*, vol. 2 (1994), pp. 157 y ss.; o M.T. GIL BAZO, "The Role of Spain as a Gateway to the Schengen Area: Changes in the Asylum Law and their implications for Human Rights", *IJRL*, vol. 10 (1998), pp. 214 y ss.

protegido (III) y cómo se determina si quien lo reclama tiene derecho a protección (IV).

II

Por más que sea la lógica consecuencia de la supresión de los controles en las fronteras interiores inherente a un objetivo —el mercado interior— presente en los tratados constitutivos desde hace ya casi un cuarto de siglo, los tradicionales recelos soberanistas a hacer excesivas concesiones en materia de acceso, estancia y trabajo de nacionales de terceros Estados al propio territorio hacían poco previsible una intervención intensa de la Unión en el ámbito del asilo. Impulsada sin embargo a velocidad de cruce-ro por la presión que para los sistemas nacionales de asilo representa la intensificación de los flujos migratorios, los ámbitos cubiertos y los obje-tivos perseguidos por la política europea de asilo no han dejado de crecer. Inicialmente, a falta de mayores compromisos por los Estados miembros, los esfuerzos quedaron limitados a la pretensión de reducir el fenómeno de los denominados *refugiados en órbita*, mediante la adopción de reglas orientadas a la determinación de un único Estado miembro responsable del examen de las solicitudes de asilo. Normas que, además, hubieron de incorporarse inicialmente, ante el rechazo a comunitarizar la materia, a tra-vés de sendos instrumentos convencionales paracomunitarios desarrolla-dos, respectivamente, a través de la cooperación intergubernamental entre los entonces Doce, de una parte, y mediante la más restringida cooperación también intergubernamental en el seno del sistema Schengen, de otra.[8]

Sin perjuicio de que, con el Tratado de Maastricht, el asilo apareció con-templado por primera vez como un ámbito de preocupación de la Unión dentro del ámbito del tercer pilar (Cooperación en asuntos de Justicia e Interior),[9] el auténtico revulsivo para el desarrollo de una política europea

---

8. Puede verse, sobre ambos, C. ESCOBAR HERNÁNDEZ, "El Convenio de Aplicación del Acuerdo de Schengen y el Convenio de Dublín: una aproximación al asilo desde la perspectiva comunitaria", *RIE*, vol. 20 (1993), pp. 53 y ss.

9. Aún con las deficiencias propias de la debilidad inherente a los instrumentos enton-ces previstos en el tercer pilar, las disposiciones sobre la materia del TUE (antiguo artículo K1.1) recibieron algún desarrollo digno de mención que, como es el caso de la Posición Común 96/196/JAI, relativa a la aplicación armonizada del término refu-giado, preconfiguraron parcialmente el contenido de muy relevantes instrumentos posteriores.

en materia de asilo se producirá en la segunda mitad de la década de los noventa. En el marco del nuevo objetivo del Espacio de Libertad, Seguridad y Justicia, en efecto, el Tratado de Amsterdam comunitarizó las políticas de controles de fronteras, inmigración y asilo, las cuales desde entonces han estado reguladas en el Título IV de la Tercera Parte del Tratado de la Comunidad Europea.[10] La inicial previsión de una aplicación diferida de los procedimientos supranacionales de decisión no ha impedido que el conjunto de medidas contempladas en el art. 62 del Tratado de Roma hayan sido efectivamente adoptadas sin demasiado retraso respecto del calendario previsto en Tampere.[11]

Dejando a un lado el denominado Reglamento de Dublín II,[12] que sustituye al Convenio de Dublín en materia de determinación del Estado responsable del examen de las solicitudes de asilo, cuya naturaleza directamente aplicable excluye toda transposición nacional, y la Directiva sobre protección temporal,[13] objeto de transposición en nuestro país mediante una norma específica de rango reglamentario,[14] el grueso de las medidas

---

10. Entre la abundante bibliografía relativa a la comunitarización de la política de asilo y los primeros pasos en su desarrollo, pueden consultarse los trabajos de J.J. MARTÍN ARRIBAS, *Los Estados Europeos frente al desafío de los refugiados y el derecho de asilo*, Madrid, 2000; J. MARTÍN Y PEREZ DE NANCLARES, *La inmigración y el asilo en la Unión Europea: hacia un nuevo espacio de libertad, seguridad y justicia*, Madrid, 2002; o las contribuciones de J.M. ORTEGA TEROL, "Una panorámica sobre el asilo y el refugio en la Unión Europea", en A. Salinas de Frías (dir.), *Inmigración e integración. Aspectos sociales y legales*, Madrid, Sequitur, 2008, pp. 228 y ss.; y "El asilo y el refugio en la Unión Europea: crónica de un amor ausente", en J. Soroeta Liceras (dir.), *Conflictos y protección de derechos humanos en el orden internacional. Curso de Derechos Humanos de Donostia-San Sebastián*, vol. 6 (2005), pp. 55 y ss.

11. En el Consejo Europeo de Tampere se identificaban como medidas a adoptar a corto plazo las relativas a "la determinación clara y viable del Estado responsable del examen de una solicitud de asilo, normas comunes para un procedimiento de asilo eficaz y justo, condiciones mínimas comunes para la acogida de los solicitantes de asilo, y la aproximación de las normas sobre reconocimiento y contenido del estatuto de refugiado. Debería también completarse con medidas relativas a formas de protección subsidiarias que ofrezcan un estatuto adecuado a toda persona que necesite esa protección". Consejo Europeo, Conclusiones de la Presidencia, 15 y 16 de octubre de 1999, par. 14.

12. Reglamento (CE) n° 343/2003 del Consejo, de 18 de febrero de 2003, por el que se establecen los criterios y mecanismos de determinación del Estado responsable del examen de una solicitud de asilo presentada en uno de los Estados miembros por un nacional de un tercer país. DO L 50 de 25.2.2003.

orientadas a armonizar los sistemas nacionales de asilo aparecen contempladas en tres directivas específicas sobre la materia –las conocidas como directivas sobre reconocimiento o cualificación,[15] sobre procedimientos[16] y sobre acogida–[17] y una cuarta sobre un aspecto de singular relevancia que afecta a todos los nacionales de terceros estados entre los cuales figuran también los refugiados –la directiva sobre reagrupación familiar.[18]

A título de aproximación introductoria a las relaciones entre los Derechos europeo y español en la materia, cabe decir que la ley 12/2009 opera respecto de las citadas directivas una transposición tardía, parcial, precisada de desarrollos futuros y que, por ahora, lo es sólo de normas europeas expresamente calificadas de mínimas. Tardía en primer lugar, ya que su promulgación acaece con notable retraso respecto de los plazos de transposición previstos en las correspondientes directivas.[19] Y ello hasta el

---

13. Directiva 2001/55/CE del Consejo, de 20 de julio de 2001, relativa a las normas mínimas para la concesión de protección temporal en caso de afluencia masiva de personas desplazadas y a medidas de fomento de un esfuerzo equitativo entre los Estados miembros para acoger a dichas personas y asumir las consecuencias de su acogida (DO L 212 de 7.8.2001)

14. Real Decreto 1325/2003, de 24 de octubre, por el que se aprueba el Reglamento sobre régimen de protección temporal en caso de afluencia masiva de personas desplazadas. BOE n° 256, de 25.10.2003.

15. Directiva 2004/83/CE del Consejo, de 29 de abril de 2004, por la que se establecen normas mínimas relativas a los requisitos para el reconocimiento y el estatuto de nacionales de terceros países o apátridas como refugiados o personas que necesitan otro tipo de protección internacional y al contenido de la protección concedida (DO L 304 de 30.9.2004).

16. Directiva 2005/85/CE del Consejo, de 1 de diciembre de 2005, sobre normas mínimas para los procedimientos que deben aplicar los Estados miembros para conceder o retirar la condición de refugiado (DO L 326 de 13.12.2005 y corr. de errores DO L 236 de 31.8.2006).

17. Directiva 2003/9/CE del Consejo, de 27 de enero de 2003, por la que se aprueban normas mínimas para la acogida de los solicitantes de asilo en los Estados miembros (DO L 31 de 6.2.2003).

18. Directiva 2003/86/CE del Consejo, de 22 de septiembre de 2003, sobre el derecho a la reagrupación familiar (DO L 251, de 3.10.2003).

19. Retraso que oscila entre los casi dos años en el caso de la directiva de procedimientos (art. 43) y los cuatro años y medio en el de la directiva de acogida (art. 26). Por razones seguramente relacionadas con lo escueto de la regulación contenida en el Capítulo III del título II de la nueva ley, relativo a "las condiciones de acogida de los solicitantes de protección internacional", dicha directiva no es mencionada expresa-

punto de haber motivado una sentencia del Tribunal de Justicia constatando la violación del Derecho Comunitario por nuestro país por falta de transposición en plazo de la directiva de reconocimiento.[20]

En cierto modo, en segundo lugar, puede ser considerada como una transposición provisional, habida cuenta que las normas de cuya transposición se trata constituyen tan sólo la concreción en una primera fase de un objetivo más ambicioso, a saber, el establecimiento de un Sistema Europeo Común de Asilo (SECA). El mismo implica, en efecto, desarrollos posteriores que, según se acordó en Tampere, deben dar lugar entre otras cosas a "un procedimiento de asilo común y a un estatuto uniforme, válido en toda la Unión, para las personas a las que se concede asilo".[21] La incorporación, al fin, de las correspondientes bases jurídicas en los tratados merced a la próxima entrada en vigor del Tratado de Lisboa,[22] y las manifestaciones al máximo nivel de una clara voluntad política de avanzar en esa línea, son claros indicios del carácter provisional de las actuales normas europeas de armonización y, consiguientemente, de las nacionales con las que se ha verificado su transposición.[23]

---

mente entre los instrumentos comunitarios que son objeto de transposición por la citada norma. El cumplimiento de la obligación de transposición de la citada directiva, y de paso el mandato contenido en su art. 26 de comunicar las normas nacionales adoptadas en su desarrollo, parece que habrá de seguir esperando a la adopción del reglamento de desarrollo de la ley.

20. STJCE (Sala Quinta), de 9.7.2009, as. C-272/08, *Comisión contra España*.

21. Conclusiones ya citadas, par. 15. Según se hace constar en el Programa de La Haya, la segunda fase de creación del SECA, centrada en lo que ahora interesa en el establecimiento de un procedimiento común y de un estatuto uniforme de protección se inició el 1-V-2004, y según las iniciales previsiones debería conducir a la aprobación de los correspondientes instrumentos de la UE antes de finales de 2010. Consejo Europeo, "El Programa de La Haya: consolidación de la libertad, la seguridad y la justicia en la UE" (2005/C 53/01), apdo. 3.I.3.

22. El nuevo Tratado sobre el Funcionamiento de la Unión incluye como principales medidas novedosas a adoptar por la Unión en el marco de la política común en materia de asilo las relativas a "un estatuto uniforme de asilo para nacionales de terceros países, válido en toda la Unión" (art. 78.2.a), "un estatuto uniforme de protección subsidiaria para los nacionales de terceros países que, sin obtener el asilo europeo, necesiten protección internacional" (art. 78.2.b), y "procedimientos comunes para conceder o retirar el estatuto uniforme de asilo o de protección subsidiaria" (art. 78.2d).

23. Adoptado formalmente en el Consejo Europeo de Bruselas de 15 y 16 de octubre de 2008 a iniciativa francesa, el Pacto Europeo de Inmigración y Asilo apuesta dentro del

Aunque solo sea por lo que de relevante pueda haber en la nueva ley de cara a marcar pautas de futuro en un panorama europeo en continuo desarrollo, tal vez no sea ocioso recordar, por último, que la transposición ahora emprendida lo es de normas expresamente calificadas de mínimas tanto en el art. 63 del Tratado de Roma, cuanto en su propio enunciado. Al respecto, el propio desarrollo de los acontecimientos se ha encargado de disipar las dudas que, con la adopción del Tratado de Amsterdam, pudo provocar esa referencia al carácter mínimo de las citadas normas, que bien podía interpretarse simplemente como una reiteración del principio de proporcionalidad que rige con carácter general para el ejercicio de las competencias comunitarias.[24] Si en su momento, en efecto, podía pensarse que se trataba sobre todo de limitar el alcance de la competencia normativa comunitaria en la materia, hoy es claro que su significado se dirige más bien a descartar interpretaciones regresivas dirigidas a encontrar en las normas comunitarias la coartada para una generalizada reducción a la baja de los niveles de protección nacional. Según se afirma expresamente en las directivas,[25] y tal y como se ha terminado por constatar en el propio preámbulo de la ley, los Estados miembros mantienen la posibilidad de mantener o adoptar normas más favorables —pero no menos— para las personas necesitadas de protección que las contempladas en las citadas directivas.

III

En lo que se refiere a la delimitación del círculo de sujetos a los que se pretende extender la protección, y comenzando por uno de los aspectos más criticados de la ley, a lo largo de su articulado es manifiesta e inequívoca la voluntad de dejar fuera de su ámbito de aplicación a los ciudada-

---

compromiso n° 4 (Construir la Europa del Asilo) y junto a otras medidas orientadas a reforzar la cooperación operativa entre las administraciones nacionales, por "la implantación de un régimen común de asilo europeo para evitar las discrepancias que se dan todavía hoy en la concesión del régimen de refugiado y sus consecuencias", sin marcar fecha para ello; y por implantar, esta vez antes de 2012, un "procedimiento único de asilo".

24. Puede encontrarse rastro de un debate hoy ya superado por el propio consenso en cuanto a la necesidad de avanzar en el SECA, en J. MARTÍN PEREZ DE NANCLARES, *La inmigración...*, *cit.*, 211-212.

25. Véanse los párrafos 15° de la directiva de acogida, 7° de la directiva de reconocimiento, y 8° de la directiva de procedimientos.

nos comunitarios: si, por una parte, la delimitación del objeto de la ley (art. 1), y las definiciones del derecho de asilo y de la protección subsidiaria (arts. 2 y 4) aluden únicamente a los nacionales de países no comunitarios, por otra, sólo a ellos se les reconoce el derecho a solicitar protección (art. 16), hasta el punto de que la condición de ciudadano europeo del solicitante es causa determinante de la inadmisión a trámite de la solicitud (art. 20.1.f).[26] Se trata, sin duda, de una drástica proyección interna del Protocolo sobre asilo a nacionales de Estados miembros de la Unión Europea, incorporado precisamente a iniciativa de España con ocasión de la adopción del Tratado de Amsterdam en 1997[27] y que pretende ser un claro gesto de coherencia respecto de lo que nuestro país ha venido reclamando insistentemente durante muchos años: que la noble institución del asilo no pueda ser empleada por los peores delincuentes, especialmente vinculados con el terrorismo, como instrumento de propaganda e impunidad.

Sin perjuicio de reconocer la legitimidad y el apoyo que merece la vieja reivindicación española, no puede dejar de cuestionarse, por excesiva, la solución adoptada. En primer lugar, porque se trata de una solución regresiva respecto de la legislación anterior que, frente a lo que en algún momento pueda haberse dicho, no viene impuesta por la normativa europea. Es cierto que las directivas comunitarias definen su ámbito de aplicación en relación con los nacionales no comunitarios y los apátridas,[28] pero

---

26. Inspirado en el mismo espíritu de confianza mutua entre los Estados miembros de la Unión, el art. 19.3 de la ley contempla como excepción a la prohibición de devolución o entrega de los solicitantes de asilo, la posibilidad de que los afectados, por definición ciudadanos de terceros Estados o apátridas, sean entregados a otro Estado miembro en virtud de una orden europea de detención y entrega.

27. El citado Protocolo, identificado con el número 24, no sufre ninguna modificación y mantiene su plena vigencia tras la entrada en vigor del Tratado de Lisboa. Sobre el citado protocolo, con una posición diferente a la aquí planteada, y además del trabajo ya citado de J. MARTÍN Y PEREZ DE NANCLARES, F.J. CARRERA HERNÁNDEZ, "El Derecho de Asilo de los ciudadanos de la Unión en el interior de la UE", *Revista de Instituciones Europeas*, 1995, pp. 837 y ss.; o G. FERNÁNDEZ ARRIBAS, "La compatibilidad del Protocolo sobre el asilo a los nacionales de los Estados Miembros con los distintos instrumentos internacionales sobre la materia y con la Carta de Derechos Fundamentales de la Unión Europea", *Revista General de Derecho Europeo*, nº 11 (2006).

28. Véanse los arts. 1 de la Directiva de reconocimiento, 3 de la directiva de acogida y 2, apartados b y c, de la directiva sobre procedimientos.

precisamente por su carácter mínimo no imponen la exclusión de los ciudadanos europeos. Más bien al contrario, si bien el Protocolo antes mencionado introduce una muy fuerte presunción de la condición Estado seguro de origen para todos los miembros de la Unión, la única obligación que se impone es la de considerar la solicitud como manifiestamente inadmisible *prima facie* y de informar de su examen al Consejo. Y ello, además, sin perjuicio de que en coherencia con las normas internacionales, la presunción es desvirtuable ya no sólo en hipótesis absolutamente extremas institucionalmente controladas –activación de la cláusula de suspensión de los derechos en virtud del art. 15 CEDH– o constatadas –activación de los mecanismos preventivo y de sanción del art. 7 TUE– a nivel supranacional, sino también si así lo decide unilateralmente el Estado miembro de que se trate.

En segundo lugar, porque aunque no puede dejar de reconocerse que la Unión Europea constituye una de las regiones del mundo en la que los derechos fundamentales reciben un mayor grado de protección, sin que parezca poder hablarse de cuadros sistemáticos, masivos y generalizados de violación de los derechos humanos, algunos datos seguramente militan contra una supresión radical y total del derecho de asilo dentro de la UE. Por ejemplo, tal vez convenga no olvidar que en alguna ocasión, ciertos Estados miembros han organizado o, más recientemente, parecen haber consentido, tramas organizadas en la lucha antiterrorista cuya dinámica de actuación no parece haber sido demasiado compatible con las más elementales garantías. O que la sujeción al sistema europeo de protección de los derechos humanos no viene siendo óbice para que algunos de los miembros del Consejo de Europa figuren entre los países de origen de individuos a los que se viene reconociendo por diversos Estados de la Unión Europea, España incluida, el estatuto de refugiado.[29] O, por último, que el mecanismo de respuesta frente a casos de violación grave de los principios democráticos por un Estado miembro o frente al riesgo de que suceda tal violación, depende para su activación de decisiones de instancias políticas

---

29. Según las estadísticas sobre la materia correspondientes a 2008, un año eso sí complicado en el Cáucaso, un porcentaje no desdeñable de solicitudes de asilo procedentes de Rusia (60%), Georgia (73'91%) y de Armenia (38,64%), países todos ellos sujetos a la jurisdicción del TEDH, fueron admitidas a trámite en España. Esos y otros datos, en el apéndice estadístico del Informe de CEAR, *La situación de las personas refugiadas en España. Informe 2009*, Madrid, 2009, p. 344.

–Estados miembros, Comisión, Consejo de la UE, Consejo Europeo y Parlamento Europeo– y están sujetas a umbrales de mayoría de prácticamente imposible superación.

No es todo ello, sin embargo, el principal problema que suscita la configuración negativa del estatuto de ciudadano europeo implícita en la nueva ley. Al fin y al cabo, en nuestro propio ordenamiento, debidamente interpretado a la luz de las obligaciones asumidas por nuestro país en el ámbito del Derecho Internacional de los Derechos Humanos y del Derecho Internacional de los Refugiados, cabe encontrar vías procedimentales para otorgar protección, en caso necesario, a un ciudadano europeo perseguido o amenazado en su país de origen, sea en el marco de la supervisión judicial de los expedientes de expulsión de ciudadanos europeos por motivos de orden público, salud pública o seguridad pública, sea, se quiera o no, en aplicación de las cláusulas humanitarias incorporadas en los apartados 12 y 13 del preámbulo de la Decisión marco sobre la euro-orden.[30] Sin que, por lo demás, un nacional de un Estado miembro que no pueda ser expulsado, devuelto o entregado, deje de ser un ciudadano europeo beneficiario por ello de un estatuto que ya quisiera para sí el más privilegiado de los restantes extranjeros.

En suma, lo discutible no es tanto que la exclusión de los ciudadanos europeos del ámbito de aplicación de la ley haga imposible el cumplimiento por nuestro país de sus obligaciones internacionales en materia de no devolución, sea en casos de persecución, sea en caso de riesgo de vulneración de las prohibiciones en materia de derechos humanos de carácter absoluto. Podría llegar a razonarse incluso que la mayor cohesión y las garantías reforzadas que existen en el ámbito europeo, o la inmensamente mayor facilidad con la que pueden acceder al territorio español, excluyen que el otorgamiento de una consideración diferenciada a los ciudadanos europeos que solicitan protección internacional pueda considerarse un trato discriminatorio proscrito por el art. 3 del Convenio de Ginebra o por las cláusulas de no discriminación de los instrumentos internacionales de derechos humanos. El auténtico problema es el posible efecto-imitación que en otros ámbitos regionales y/o de integración puede conllevar la adopción de medidas que aparentemente pueden ser interpretadas como

---

30. Sobre esto último, puede verse mi trabajo "La Euro-Orden, el principio de doble incriminación y la garantía de los derechos fundamentales", *REEI*, n° 14 (2007), pp. 48 y ss.

una negación de toda protección a los nacionales de los Estados implicados, y el duro golpe que ello puede representar para la institución del asilo.

Mucho más positiva es la segunda gran novedad introducida por una ley que, aunque sigue identificando estrictamente el derecho de asilo con la condición de refugiado, incorpora un nuevo estatuto de protección, denominado de protección subsidiaria (art. 4). Y, lo que es más reseñable, si su incorporación a nuestro ordenamiento en tanto que derecho subjetivo de quienes reúnen los requisitos previstos es una exigencia del Derecho comunitario, en particular de la directiva de reconocimiento, la voluntad de configurarlo con cierta amplitud y de unificar en su práctica totalidad el régimen de protección correspondiente con el propio del derecho de asilo,[31] tal y como se afirma en la exposición de motivos, constituye un ejercicio del poder discrecional del legislativo patrio digno de beneplácito. En lo que en cierto modo puede interpretarse como una vuelta al espíritu abierto de la originaria ley de 1984, la consecuencia práctica es que se convierte en competencia reglada y se somete a reglas revestidas de cierta precisión buena parte de lo que hasta ahora aparecía contemplado como una facultad discrecional del Ministro del Interior ejercitable por razones humanitarias o de interés público.[32]

A la hora de definir, además, los supuestos en los que una persona tiene derecho a la obtención del estatuto de protección subsidiaria, la ley acoge con cierta amplitud la definición de cuáles son los graves daños que, en caso de existir un riesgo real de sufrirlos en el país de origen, justifican el reconocimiento del derecho a protección. El artículo 10 de la ley, en efecto, sigue literalmente el tenor de la directiva de reconocimiento para incorporar supuestos claramente inspirados en los instrumentos internacionales de derechos humanos y la doctrina de los correspondientes órganos de garantía en materia de no devolución en caso de riesgo grave de violación de la prohibición de la tortura.[33] Pero, además, el artículo citado contem-

---

31. La ley española anticipa, de este modo, lo que parece ser también la intención de la Comisión. Véase el documento *Plan de política de asilo: un planteamiento integrado de la protección en toda la UE*, 17 de junio de 2008, [COM(2008) 360 final], p. 3.

32. Arts. 17.3 de la Ley 5/1984, en la redacción resultante de la Ley 9/1994, y 31.3 y 4 del Real Decreto 203/1995, de 10 de febrero, por el que se aprueba el Reglamento de Aplicación de la Ley 5/1984, de 26 de marzo, reguladora del Derecho de Asilo y de la Condición de Refugiado, modificada por la Ley 9/1994, de 19 de mayo.

33. Siguiendo la configuración que el artículo 19 de la Carta de Derechos Fundamentales hace de la obligación de no devolución, tanto la directiva, en los apartados a y b

pla un tercer apartado cuya finalidad es dar respuesta a la necesidad de protección de quienes huyen de sus países de origen como consecuencia de la existencia de situaciones de violencia indiscriminada. Se trata de un supuesto que, en parte, aparece ya contemplado a través del denominado régimen de protección temporal, regulado en otras normas tanto europea como interna, para supuestos institucionalmente constatados de afluencia masiva de personas, el cual eso sí reviste un carácter provisional, excepcional y urgente y, por ello, no excluye el acceso de los individuos afectados a las, llamémosles, formas "ordinarias" de protección.[34]

La configuración de este supuesto en la directiva de reconocimiento constituyó uno de los aspectos en los que la definición de los llamados criterios de elegibilidad recibió una más crítica acogida por parte tanto de ACNUR como de la doctrina más cualificada.[35] Y ello por dos razones básicamente. De una parte, porque en su artículo 15.c finalmente sólo se incluyó como situación de violencia indiscriminada susceptible de permitir la aplicación del precepto la derivada de un conflicto armado interno o internacional, lo que representaba una seria restricción de la propuesta de la Comisión, que incluía también una referencia a las situaciones de violaciones sistemáticas o generalizadas de los derechos humanos.

---

del artículo 15, como la ley, en esos mismos apartados del artículo 10, aluden únicamente como daños relevantes a la "condena a pena de muerte o el riesgo de su ejecución material", de una parte, y a la "tortura y los tratos inhumanos o degradantes". Ha de recordarse, sin embargo, que aún cuando es éste el supuesto típico y más relevante de surgimiento de la citada obligación en el ámbito del DI de los Derechos Humanos, los órganos de garantía del CEDH y del PIDCP han dejado claro que la misma opera también frente a otras violaciones del derecho a la vida (ejecuciones extrajudiciales o desapariciones forzadas) y frente a formas especialmente flagrantes de denegación de justicia. Véase al respecto, mi contribución "El derecho fundamental a no ser expuesto al riesgo de tortura mediante la expulsión o extradición al exterior", en A. SALINAS DE FRIAS (dir.), I*nmigración e integración. Aspectos sociales y legales*, Sequitur, Madrid, 2008, pp. 243 y ss.

34. Véanse el art. 3.1 de la Directiva 2001/55/CE sobre protección temporal, y el art. 22 del Reglamento sobre régimen de protección temporal en caso de afluencia masiva de personas desplazadas.

35. *Vid.*, respectivamente, *Declaración del ACNUR sobre la protección subsidiaria a personas amenazadas por violencia indiscriminada, bajo la Directiva de Reconocimiento del Consejo de Europa (sic)*, Enero de 2008, en especial, pp. 5-7; y J. McADAM, "The European Union Qualification Directive: The Creation of a Subsidiary Protection Regime", *Int'l J. Refugee L.*, vol. 17 (2005), pp. 479 y ss.

Lamentablemente, el art. 10.c de la ley española insiste en una restricción carente de toda justificación que obligará a interpretar la noción de conflicto armado de acuerdo con los más recientes desarrollos de las jurisdicciones penales internacionales, y sin olvidar que el artículo 3 común de los Convenios de Ginebra de 1949 contempla también como conflictos armados situaciones de enfrentamiento y violencia menos formalizadas y organizadas que las previstas en el artículo 2 común de los citados convenios y en el Segundo Protocolo Adicional.

Eso sí, junto a la de arena, la de cal. Merced a la modificación operada en el proyecto a su paso por el Senado, el art. 10.c de la ley no reproduce la exigencia de individualización del daño que sí contempla la directiva y que es asumida con carácter general en las normas de adaptación aprobadas en otros Estados miembros.[36] Por más que en la primera decisión prejudicial recaída sobre la directiva de reconocimiento, el Tribunal de Luxemburgo haya relativizado considerablemente el carácter restrictivo de la exigencia de individualización,[37] la idea de base de la directiva no deja de ser la expresada en su preámbulo, según la cual "los riesgos a los que en general se ven expuestos la población de un país o un sector de la población no suelan suponer en sí mismos una amenaza individual que pueda calificarse como daño grave" (pfo. 26). El carácter mínimo de la normativa europea con el alcance que ya conocemos, añadido al hecho de que la supresión de la exigencia de individualización constituye una opción deli-

---

36. Tal y como se señala en un reciente informe de ACNUR, "(t)he research has shown that the impact of this interpretation of 'individual threat' is to deny subsidiary protection to persons who risk serious harm on return to their country of origin on the basis that they face the same risk as, for example, other members of their clan or other residents of their town. Véase el informe de ACNUR, *Asylum in the European Union: A Study of the Implementation of the EC Qualification Directive*, November 2007, p. 11.

37. En el sentido de considerar que el apartado c del artículo 15 no es una simple precisión de los dos anteriores, sino que goza de autonomía, de modo que ante una situación de conflicto armado la exigencia de individualización es en su intensidad indirectamente proporcional al grado de violencia indiscriminada en el país de origen. TJCE, S. de 17.2.2009, *Elgafaji v. Staatssecretaris van Justitie* (as. C-465/07). Sobre la misma, pueden verse los comentarios de C. DAUTRICOURT:"Justice, liberté et sécurité : arrêt "Elgafaji", *RDUE*, n° 2 -2009-, pp. 338 y ss., o de *M.E. SALAMANCA AGUADO*: "La protección subsidiaria de personas amenazadas por violencia indiscriminada en situaciones de conflicto armado. Comentario a la sentencia del TJCE de 17 de febrero de 2009 en el asunto Elgafaji", *RGDE*, n° 19 -2009.

berada del legislador, son elementos que deben llevar necesariamente a la conclusión de que, siempre y cuando satisfagan el umbral de gravedad requerido, las amenazas contra la vida o la integridad que afectan con carácter general a la población civil son elementos suficientes, por sí solas, para la concesión a los afectados del estatuto de protección subsidiaria en nuestro país.[38]

A la formalización del estatuto de protección subsidiaria se añaden otros aspectos –precisión de los criterios de elegibilidad en casi plena consonancia con las aspiraciones de ACNUR, incorporación de la persecución por razón de edad, pleno reconocimiento de los agentes no estatales como agentes de persecución, consolidación del género y extensión a la orientación e identidad sexual como motivos de persecución susceptibles de justificar el reconocimiento de la condición de refugiado, o previsión de la participación de nuestro país en programas de reasentamiento en colaboración con ACNUR, entre otros–[39] en los que cabe apreciar en la nueva ley un significativo avance respecto de la regulación hasta ahora vigente. No obstante, un último aspecto a comentar no resulta tan positivo. Se trata de la configuración que de las causas de exclusión y denegación hacen los artículos 8 y 9 respecto del derecho de asilo, y 11 y 12 respecto de la pro-

---

38. Aun cuando tradicionalmente ha sido bastante estricto, a veces con lamentables consecuencias (asunto *Vilvarajah*), a la hora de exigir la individualización del riesgo, en los más recientes pronunciamientos del TEDH cabe detectar una cierta relativización de la exigencia de individualización, apuntándose a la idea según la cual, cuando la situación general en el país de destino revela un cuadro persistente de violaciones de la prohibición de la tortura que se proyecta específicamente sobre un grupo concreto, específico y delimitado, la simple pertenencia del afectado a ese grupo es por sí sola elemento suficiente para constatar la concurrencia del riesgo real determinante de la obligación de no devolución. STEDH de 11.I.2007, *Salah Sheekh c. Holanda*, paras. 148-149; o STEDH (Gran Sala) de 28.II.2008, *Saadi c. Italia*, par. 39.

39. Resulta en cambio lamentable, por exasperantemente restrictiva, la limitación como acto de persecución de los procesamientos o penas por incumplimiento del servicio militar a los supuestos en los que el mismo se preste en un conflicto que obligue al interesado a incurrir en la comisión de crímenes más graves de trascendencia internacional, crímenes comunes graves o actos contrarios a los propósitos de Naciones Unidas. Esto es, en supuestos absolutamente límites entre los que figuran casos en los que el propio Derecho internacional impone obligaciones de resistencia so pena de incurrir en responsabilidad penal internacional sin posible exención por razones de obediencia debida. Véase, en este sentido, ACNUR, *Comentarios al Proyecto de Ley Reguladora del Derecho de Asilo y de la Protección Subsidiaria*, pp. 8-9.

tección subsidiaria y ello, más precisamente, como consecuencia de las dudas que plantean algunos aspectos de esa regulación en cuanto a su compatibilidad, en algún caso, con el Convenio de Ginebra y, en algún otro, con la doctrina de los órganos internacionales de garantía de los derechos humanos en materia de no devolución.

De la simple lectura de los citados preceptos hay dos cuestiones que llaman poderosamente la atención. En primer lugar, la ley española opera respecto de ambas figuras una diferenciación entre, de una parte, unas denominadas cláusulas de exclusión, claramente inspiradas en el artículo 1 (D, E y F) de la Convención de Ginebra,[40] y unas causas calificadas como de denegación referentes a los supuestos en los que el solicitante constituye, por razones fundadas o por haber sido objeto de una condena firme, un peligro para la seguridad de España o una amenaza para la comunidad (arts. 9 y 12). A lo que se añade que únicamente respecto del estatuto de protección subsidiaria, y no así por tanto, en relación con el derecho de asilo, se incluye como de exclusión una causa que resulta realmente difícil de diferenciar respecto de las mencionadas causas de denegación: que el solicitante, constituya un "peligro para la seguridad interior o exterior de España o para el orden público". El segundo aspecto llamativo se refiere a la forma con que la ley concreta y precisa el motivo de exclusión referente a la comisión de un delito grave (arts. 8.2.b y 11.1.b).

Ambos aspectos de la ley responden a una finalidad evidente: conceder a las autoridades españolas un amplio margen de maniobra que les permita rechazar la protección solicitada en nuestro país por razones no precisadas de orden público o seguridad pública. Una inquietud que, acrecentada

---

40. Tanto en la directiva de reconocimiento como en la ley española, las causas de exclusión son más numerosas para el reconocimiento de la condición de refugiado que para la obtención del derecho de protección subsidiaria, al incorporar para aquél y no para éste de acuerdo con una transcripción casi literal las circunstancias relativas a la ausencia de necesidad de protección por venir ésta otorgada bien por un organismo internacional distinto de ACNUR -en referencia inequívoca y exclusiva a UNRWA-, bien por un tercer Estado en el que el interesado hubiera fijado su residencia y al que le hubiera otorgado derechos equivalentes a los de la nacionalidad del citado país. Sobre el alcance del primer motivo puede verse el documento de ACNUR, *Nota sobre la aplicación del artículo 1D de la Convención sobre el Estatuto de los Refugiados de 1951 a los refugiados palestinos*, Octubre de 2002. Ambas causas se diferencian claramente de los supuestos del artículo 1F, al referirse a situaciones en las que se presume que no existe necesidad de protección.

sobremanera en los últimos años en respuesta al fenómeno del terrorismo internacional, motivó alguno de los más intensos debates durante el proceso de elaboración de la directiva. Y que suscita asimismo importantes interrogantes jurídicos que, en parte, se encuentran actualmente a la espera de respuesta por vía prejudicial por el Tribunal de Justicia.[41] Ciñéndonos a la regulación de este tema en la nueva ley, tres son los principales problemas que con la misma se plantean.

El primero de ellos tiene que ver con la configuración del peligro para la seguridad de España y de la amenaza para la comunidad como causas de denegación del derecho de asilo. La solución finalmente adoptada difiere de la prevista en el artículo 3.2 de la anterior ley y en el art. 8.4 del proyecto de ley. En ambos casos las amenazas a la seguridad y el peligro para la comunidad se conceptuaban como causas de exclusión conjuntamente con las relacionadas con la comisión de crímenes más graves de trascendencia internacional, crímenes comunes graves y actos contrarios a los principios de Naciones Unidas. Finalmente, en la línea apuntada por la directiva de reconocimiento (art. 14.4 y 5), tales circunstancias no son etiquetadas como causas de exclusión, sino como causas de denegación (art. 9 de la ley) o de revocación (art. 44.1.c de la ley). Da la sensación de que tanto la directiva como la ley recurren a un mero formalismo terminológico, hablando de denegación en lugar de exclusión, para sortear las dificultades que plantea el tratamiento que hace la Convención de Ginebra de este tipo de circunstancias. Aunque amparada en el tenor de la directiva, la solución ideada opera una ampliación de las cláusulas de exclusión[42] previstas en el Convenio de Ginebra poco compatible con sus disposiciones

---

41. En febrero y marzo de 2009 el Tribunal Supremo Administrativo alemán (Bundesverwaltungsgericht) presentó sendas peticiones de decisión prejudicial sobre la interpretación de las causas de exclusión relacionadas con la participación en la comisión de delitos graves y en actos contrarios a los principios de Naciones Unidas (arts. 12.2.b y c de la directiva de reconocimiento) en relación con solicitantes de asilo vinculados con organizaciones calificadas como terroristas en la lista de la UE. Se trata de los asuntos C-57/09, *República Federal de Alemania* c. B, y C-101/09, *República Federal de Alemania* c. D. DO C 129, de 6.6.2009, pp. 3 y 7.

42. Ampliación que habría sido, además, absolutamente escandalosa si no hubiera sido suprimida en el Congreso la causa de revocación prevista en el art. 40.1 del proyecto, consistente en que "la persona beneficiaria participe en actividades contrarias a los intereses generales, a la soberanía de España, a la seguridad del Estado o que puedan perjudicar las relaciones de España con otros países".

y, por ello, poco congruente con la definición que del derecho de asilo hace el propio artículo 2 de la ley.

En el Convenio de Ginebra, en efecto, las amenazas a la seguridad y el peligro para la comunidad no aparecen conceptuadas como causas de exclusión (art. 1.F), sino tan solo como excepciones a la prohibición de expulsión y devolución de un refugiado (art. 33.2). A diferencia de las causas de exclusión, como reiteradamente ha señalado ACNUR[43] y viene defendiendo un relevante sector doctrinal,[44] tales circunstancias no forman parte de la definición de refugiado, ya no solo por razones de ubicación sistemática dentro del Convenio, sino por el propio fundamento al que responden. Las causas de exclusión tienen por finalidad, no proteger al Estado al que se reclama protección, sino preservar la integridad de la propia institución del refugio, impidiendo que puedan servirse de la misma quienes por haber cometido actos atroces, ni merecen protección ni deben poder recurrir a la misma para eludir sus responsabilidades. Y su aplicación, para quien invoca protección frente a persecución en los términos del Convenio de Ginebra, presupone previamente el reconocimiento de la condición de refugiado. Por lo demás, aunque permite excepcionalmente la expulsión por los citados motivos, la Convención de Ginebra no autoriza a que, por razones de seguridad nacional, se prive al refugiado de otros derechos que forman parte del estatuto de refugiado y aparecen salvaguardados expresamente en la directiva y que, pese a ello, no parecen quedar garantizados en la nueva ley, que se limita a hablar de denegación o revocación del derecho de asilo.[45] Sea como fuere, la previsión de la citada

---

43. Pueden verse los documentos, *UNHCR Annotated Comments on the EC Council Directive 2004/83/EC of 29 April 2004 on Minimum Standards for the Qualification and Status of Third Country Nationals or Stateless Persons as Refugees or as Persons Who Otherwise Need International Protection and the Content of the Protection Granted (OJ L 304/12 of 30.9.2004)*, 28.1.2005, pp. 30-31; *Declaración del ACNUR sobre el artículo 1F de la Convención de 1951*, pp. 8 y 16.

44. E. LAUTERPACHT, y D. BETHLEHEM, "The Scope and Content of the Principle of non-refoulement: Opinion", en Feller, E., Türk, V. Y Nicholson, F, *Refugee Protection in International Law: UNHCR´S global consultations on international protection*, Cambridge-New York-Geneve, 2003, pp. 133 y ss.; o G.S. GOODWIN-GILL, y R. HUSAIN, "Overview of History and Current Scope of Non-Refoulement, and Current Attacks on the Principle", en *Non-Refoulement under Threat. Proceedings of a Seminar Held Jointly by the Redress Trust and The Immigration Law Practitioners´Association*, Londres, 2006, p. 15.

cláusula de denegación provoca que, pese a lo que da a entender su artículo 2, la ley no confiera el derecho de asilo a todas las personas a las que, según el Derecho Internacional, corresponde la condición de refugiado.

El segundo problema tiene que ver con la configuración que hace el art. 8.2.b de la ley de la segunda de las causas de exclusión contempladas en el artículo 1.F de la Convención de Ginebra. De acuerdo con el citado precepto, se excluye de su ámbito de aplicación y, consiguientemente, de la condición de refugiado, a quien haya cometido un delito común grave fuera del país de refugio antes del reconocimiento como refugiado. El artículo 12.2.b de la directiva, por su parte, tras reproducir más o menos literalmente el citado motivo de exclusión, precisa en plena coherencia con las directrices de ACNUR sobre el particular, que los actos especialmente crueles, aun cuando son realizados con intencionalidad política, pueden ser calificados como delitos comunes graves. Contrastada con ambos parámetros, la legislación española sobre el particular, pese a haber experimentado una notoria suavización a lo largo de su tramitación parlamentaria,[46] parece ir más allá de lo que contemplan ambos referentes. De una parte, porque se omite toda referencia a una distinción básica en el ámbito del Derecho internacional de los refugiados, como es la que distingue entre delitos políticos y delitos comunes,[47] por más que, como apunta la directiva, la intencionalidad política de un delito no impide su calificación como delito común si el mismo es desproporcionado. A lo que ha de añadirse que, si la intención era impedir el acceso al derecho de asilo de los presuntos terroristas, la forma adecuada de hacerlo tal vez sea haciendo constar

---

45. Se trata, de conformidad con el artículo 14.6 de la directiva, de los derechos reconocidos en los artículos 3 (prohibición de discriminación), 4 (libertad religiosa), 16 (acceso a los tribunales), 22 (educación), y 31 (prohibición de imposición de sanciones penales por entrada o presencia ilegales en el territorio). El tenor literal de la directiva incluye también una referencia a los artículos 32 y 33 de la Convención de Ginebra, lo que puede hacer pensar que, frente a lo que permiten los citados preceptos, la directiva prohíbe excepcionar por razones de seguridad nacional el principio de no devolución.

46. El artículo 8.2.b del proyecto de ley calificaba como delitos graves los castigados en España con penas privativas de libertad de un mínimo de tan solo 12 meses.

47. Sobre el particular, G. GILBERT, "Current Issues in the Application of the Exclusion Clauses", en E. Feller, V. Turk y F. Nicholson (eds.), *Refugee Protection in International Law: UNHCR´s Global Consultations on International Protection*, Cambridge, 2003, pp. 437 y ss.

que los delitos de terrorismo no pueden ser calificados, por desproporcionados, como delitos políticos, más que obviando una distinción que, de hecho, supone una reducción de la definición de refugiado contenida en el artículo 1 del Convenio de Ginebra.

Y, de otra parte, porque el umbral de gravedad seleccionado parece ir más allá de lo que cabe entender incluido en un concepto pensado, según ACNUR, para infracciones castigadas con penas de muerte o con penas muy graves, y que exige una adecuada valoración tanto de las circunstancias del delito en cuestión como de la persecución padecida.[48] Y ello por mucho que el citado umbral de gravedad se haya acabado elevando respecto de lo previsto en el proyecto para incorporar, en líneas generales, los delitos castigados en España con una pena privativa de libertad superior a cinco años[49] y que atenten contra determinados bienes jurídicos protegidos −vida, libertad, indemnidad o libertad sexual o patrimonio− realizados con violencia o intimidación sobre las personas o fuerza en las cosas, así como en los casos de delincuencia organizada.

La reproducción en el artículo 11 de la ley, por último, respecto de la condición de beneficiario de protección subsidiaria, de las causas de exclusión previstas para la condición de refugiado, con el añadido no contemplado para éste de los supuestos en los que el interesado puede ser considerado un peligro para la seguridad interior o exterior de España o para el orden público, no merece más comentario que el cuestionamiento que puede representar respecto de la voluntad del legislador de equiparar ambas figuras. Es algo que parece encajar sin problemas en la regulación de la directiva (art. 17.1.d), sin que, a diferencia de lo que ocurre con los refugiados, inexistentes normas internacionales sobre el estatuto de protección subsidiaria impidan su exclusión en estos casos. Hay sin embargo un aspecto de importancia que no aparece contemplado en la ley y que conviene no perder de vista. Se trata de las diferentes consecuencias que, según el Derecho internacional, puede asociar un Estado a la constatación de que un individuo constituye una amenaza para su seguridad u orden público según que reúna los requisitos para ser reconocido como refugia-

---

48. *Manual de Procedimientos y Criterios para determinar la condición de refugiado*, Apdo. 155.

49. El artículo 13 del Código Penal califica como delitos graves, los castigados con penas graves, las cuales aparecen enumeradas en el apartado 2º del artículo 33, incluyendo entre ellas, la prisión superior a cinco años.

do o para obtener el estatuto de protección subsidiaria. En el primer caso, el propio Convenio de Ginebra, y en particular sus artículos 32 y 33.2 posibilitan un ejercicio de ponderación que puede llegar a justificar, cuando la amenaza a la seguridad nacional es muy acusada, la devolución al país de origen a un refugiado.[50] En el segundo, en cambio, la devolución al país de origen debe entenderse radicalmente descartada, como mínimo, en los casos en que exista un riesgo real de que el afectado sea sometido a torturas o tratos inhumanos o degradantes, toda vez que el carácter absoluto de la prohibición de la tortura se proyecta igualmente sobre la prohibición de devolución en esos supuestos.[51] Tales individuos, expulsados fuera del ámbito de aplicación de la directiva (preámbulo, apartado 9°) en lo que ha sido calificado como una suerte de limbo jurídico,[52] quedan así relegados en nuestro país a una situación incierta que, muy probablemente, obligaría a utilizar el expediente de la autorización de estancia o residencia por razones humanitarias (art. 37.b de la ley).

IV

No parece necesario insistir demasiado en la obviedad: los de asilo, en sentido amplio, son procedimientos administrativos harto peculiares. Y lo son aparte de por otras cosas porque, sin perjuicio de que en otros procedimientos administrativos también pueden estar en juego derechos fundamentales –decisiones de autorización de manifestaciones, expedientes de expropiación, reclamaciones por deficiencias en la atención sanitaria o en materia educativa...–, detrás de una solicitud de protección internacional pueden estar en juego derechos absolutos e inderogables. No es un mero recurso hiperbólico afirmar que tras una solicitud de protección puede haber una cuestión de vida o muerte. Y no debe olvidarse que, por más que

---

50. No deja de ser una incógnita, sin embargo, si la directiva permite en esos casos la devolución de un refugiado, toda vez que el artículo 14.6, con la condición de que se encuentre en el Estado miembro, menciona entre los derechos de los que seguirá disfrutando la persona a la que se haya revocado el estatuto de refugiado por motivos de seguridad los contemplados, entre otros, en los artículos 32 y 33 de la Convención de Ginebra.

51. Respecto de la doctrina del TEDH, del CAT y del Comité de Derechos Humanos sobre el particular, puede verse mi trabajo "Garantías diplomáticas, no devolución y prohibición de la tortura", *REDI*, vol. 60 (2008), pp. 20 y ss.

52. J. McADAM, "The European....", cit., p. 494.

los derechos internos, incluyendo el nuestro, no hayan extraído de ello las oportunas consecuencias, el derecho a solicitar asilo en caso de persecución es un derecho humano proclamado como tal en el más relevante e influyente de los instrumentos internacionales en la materia.

Sin duda, los Estados de recepción están en su perfecto derecho de preservar sus privilegiados sistemas de bienestar en una época caracterizada por la intensificación de los flujos migratorios derivados de la miseria. Como también lo están de adoptar las medidas oportunas para combatir las amenazas a su seguridad impidiendo el acceso a o la estancia en su territorio de quienes son un peligro para su orden público. Pero tanto en un caso como en otro, sus prerrogativas encuentran límites en los compromisos internacionalmente asumidos y, de manera muy particular, los que derivan del Derecho Internacional de los Derechos Humanos y del Derecho Internacional de los Refugiados. Unos compromisos que, para no quedar convertidos en letra muerta, deben encontrar adecuados cauces procedimentales de realización. En particular, el derecho a solicitar asilo y el conjunto de garantías que derivan del principio de no devolución imponen a los Estados la obligación de garantizar procedimientos justos, equitativos y eficaces para resolver las peticiones de protección. En suma, el legítimo deseo de resolver expeditamente las solicitudes "fraudulentas", inspiradas preferentemente en motivaciones económicas, o de impedir que el asilo ampare a quien no lo merece o a quien pretende emplearlo para atentar contra la seguridad de quien lo acoge, no puede afectar al no menos legítimo derecho de protección de quien realmente lo necesita.

Contrastada con esos parámetros, la regulación que de los aspectos procedimentales incluye el nuevo texto legislativo contiene aspectos claramente positivos, que mejoran notablemente la situación preexistente, junto a otros que mantienen elementos claramente mejorables o que, incluso, implican un inequívoco paso atrás. Comenzando por lo positivo, en tres aspectos cabe apreciar un claro avance.

En primer lugar, en el marco del ya comentado espíritu de otorgar un tratamiento uniforme a las dos modalidades de protección internacional contempladas, y tal y como se proclama en su exposición de motivos, la nueva ley establece un mismo y único procedimiento para el examen de las solicitudes, ya sean de asilo o de protección subsidiaria. Se supera con ello la situación generada por la ley de 1984, lastrada durante sus diez años de vigencia por prácticas dilatorias derivadas del ineficaz diseño de un sistema dual de procedimientos sucesivos de refugio, primero, y asilo después.

Y se deja atrás, también, el modelo hasta ahora vigente, en el que la discrecionalidad con la que aparece configurada la autorización de residencia por razones humanitarias impide que pueda hablarse, en puridad, de la existencia de un procedimiento de examen de las necesidades de protección más allá de las derivadas de la condición de refugiado.[53]

La unificación procedimental debe permitir un más rápido y eficaz examen de las solicitudes de protección, al no postergar a la inadmisión o desestimación de la solicitud de asilo el examen de la necesidad de protección desde la óptica de la protección subsidiaria. Lo que no es óbice para recordar la conveniencia de que el derecho de protección subsidiaria se reserve a aquellos individuos necesitados de protección por razones distintas de las que determinan la condición de refugiado.[54] Siendo el de refugiado un estatuto dotado de un mayor y más desarrollado reconocimiento en normas internacionales, oponibles como tales a terceros Estados que pueden no considerar oportuno dotar de un régimen propio a quienes no pueden ser devueltos por razones de derechos humanos, su reconocimiento otorga al interesado un plus en el exterior del que no hay por qué privarlo.

Por lo demás, la extensión a la protección subsidiaria del procedimiento de asilo constituye un innegable avance al que, además, España no estaba obligada en virtud del Derecho de la Unión, toda vez que, a diferencia de lo que ocurre con la directiva de reconocimiento, lamentablemente la de procedimientos únicamente resulta aplicable al estatuto de refugiado (arts.

---

53. No obstante, en virtud de la reforma del Reglamento de la ley de asilo realizada por el RD 2393/2004, su art. 31 establecía una conexión casi automática entre el procedimiento de asilo y el procedimiento de autorización de residencia por circunstancias excepcionales previsto en la legislación de extranjería (arts. 31.3 LO 4/2000 y 45), para aquellos supuestos en los que la existencia de un riesgo grave de violación de la integridad o la vida del interesado o la concurrencia de otras circunstancias humanitarias en caso de devolución fueran constatadas en el propio expediente de asilo. En tales casos, a propuesta de la CIAR y previa solicitud del interesado en el plazo de un mes tras la resolución desestimatoria de su solicitud de asilo, el Ministro del Interior podía -de facto venía concediendo- autorización de residencia temporal por razones humanitarias.

54. Tanto ACNUR como la Comisión Europea recomiendan un sistema jerarquizado de determinación de las solicitudes de protección, de tal forma que la primera determinación sea siempre hecha en relación con el estatuto de refugiado de la Convención de 1951 y sólo si el solicitante no es considerado como refugiado, los criterios de protección complementaria o subsidiria sean analizados. ACNUR, Comentarios..., cit., Introducción, apdo. 4.5, p. 2.

1 y 2). La plena y completa extensión al procedimiento de protección subsidiaria de las garantías propias del procedimiento de asilo puede ser entendida, así, como la meritoria apuesta por parte de nuestro país de cara el futuro desarrollo de un procedimiento común de protección en el ámbito de la Unión.

El segundo aspecto en el que en líneas generales es detectable un significativo avance es en el relativo al alcance de las garantías que deben ser respetadas a lo largo del procedimiento. La precisión, por ejemplo, según la cual la información al interesado ha de hacerse "en una lengua que pueda comprender" (art. 17.3) y no en una lengua "que sea razonable suponer que comprenda", como se limita a exigir la directiva (art. 10.1.a) es una precisión conveniente que puede tener su utilidad en contextos en los que la presión sobre los procedimientos de asilo derivada del elevado número de solicitudes no se ve acompañada de la dotación a las instituciones oportunas de los medios necesarios para su adecuada tramitación. Igualmente, la regla según la cual es la "solicitud de protección" la que da lugar al inicio del cómputo de los plazos previstos para la tramitación (art. 19.5), y no "la presentación de la solicitud" como decía el proyecto, da pie a una interpretación de la misma en la línea defendida por el Defensor del Pueblo, que no haga recaer sobre el interesado las consecuencias desfavorables de los retrasos en la formulación de la solicitud imputables a la administración.[55]

Por su parte, la opción por continuar la práctica desarrollada hasta la fecha, consistente en que la formalización de la solicitud se verifique mediante la realización de una entrevista personal, se ve acompañada en la ley de una más que saludable precisión orientada a subrayar la finalidad de la misma y la consiguiente actitud que ha de guiar a los correspondientes funcionarios de la Oficina de Asilo y Refugio (OAR): ayudar a los solicitantes a cumplimentar la solicitud y colaborar con ellos para establecer los hechos relevantes (art. 17.6). Siendo ésa su finalidad básica, y puesto que la audiencia personal es una garantía instrumental básica de cara a asegurar un adecuado examen de las cuestiones de fondo de la solicitud,[56] es

---

55. DEFENSOR DEL PUEBLO, *Informe sobre Asistencia Jurídica a los Extranjeros en España*, Madrid, 2005, pp. 219 y ss.

56. Tal y como se afirma en el citado informe del Defensor del Pueblo, "en muchos casos, la decisión sobre un caso penderá de un elemento en extremo subjetivo, como es la credibilidad, y difícilmente puede formarse un juicio a este respecto si el análisis del caso se hace únicamente sobre la base de los documentos que van conformando el expediente", *Idem*, p. 238.

inevitable concluir que por más que la directiva lo autorice,[57] la eventual negativa a celebrar una nueva audiencia no sólo habrá de ser motivada, tal y como exige la ley, sino que habrá de fundarse en su innecesariedad para garantizar un examen equitativo de la solicitud (art. 17.8). Eso sí, aún cuando las condiciones exigidas en la directiva sobre la celebración de la audiencia personal puedan deducirse de lo establecido en diversos preceptos de la ley (confidencialidad: arts. 16.4 y 26; competencia del personal que la celebre: D.A. 3ª; derecho a intérprete: 16.2; realización de forma individual), no habría estado de más haber consagrado a la misma un precepto acorde con la relevancia que representa como garantía procedimental.

Con ser relevantes las anteriores garantías, sin embargo, por las enormes deficiencias detectadas en la práctica desarrollada al amparo de la legislación anterior,[58] quizá sean las mejoras que parecen poder detectarse respecto del derecho de asistencia jurídica las que merezcan una mejor acogida. Éstas son básicamente de dos tipos. La primera tiene que ver con la precisión según la cual la asistencia jurídica "se extenderá a la formalización de la solicitud y a toda la tramitación del procedimiento" (art. 16.2.1º). Es cierto que una expresión equivalente aparecía también, si no en la anterior ley, que se contentaba con proclamar el derecho a asistencia letrada "en

---

57. De conformidad con el art. 12.1.b de la directiva de procedimientos, cabe prescindir de la audiencia personal cuando la autoridad competente ya se haya reunido con el solicitante con el fin de ayudarle a rellenar su solicitud y de facilitarle la información básica en relación con la solicitud.

58. En el reiteradamente citado informe del DEFENSOR DEL PUEBLO se revelaban innumerables lagunas e irregularidades en la prestación de asistencia jurídica a los solicitantes de asilo, extensivas a la práctica totalidad del procedimiento. Tales deficiencias derivan entre otros factores de los siguientes: dificultades de acceso de los abogados a los centros de internamiento de extranjeros así como a las dependencias fronterizas; inercias administrativas que obstaculizan la asistencia jurídica preliminar, es decir, antes de la formalización de la solicitud; discontinuidad de la asistencia jurídica por parte de los abogados que asisten a los solicitantes en las primeras fases, como consecuencia de la centralización en Madrid de la tramitación de los expedientes y el consiguiente monopolio de asistencia ante los tribunales a los abogados colegiados en Madrid; ausencia de previsión de intérpretes para asegurar la comunicación entre abogado y solicitante; dificultades de acceso al expediente por parte de los abogados; falta de especialización por parte de los abogados de oficio, especialmente fuera de Madrid; o disfunciones en el sistema dual de asistencia ONG´s-Colegios, derivada de la preferencia otorgada a estos últimos.

todo caso" (art. 4.1), sí en el reglamento de aplicación (art. 8.4). Sin embargo, precisamente como consecuencia de la insistencia sobre el tema de alguna de las ONG´s más representativas en la materia,[59] su formulación se encuentra ahora en el propio texto legal y, más concretamente, en un precepto rubricado "derecho a solicitar protección internacional" y, sobre todo, en el capítulo en el que se trata "de la presentación de la solicitud". La anterior precisión debería poner fin de una vez por todas a esa idea, presente entre los sectores de la Administración implicados en la instrucción de las solicitudes de asilo, según la cual la asistencia letrada no es necesaria en la fase inicial y, más específicamente, antes de la entrevista personal, sino que se orientaría más bien a la fase posterior.[60] Tratándose, en la práctica, de una etapa fundamental y decisiva desde el punto de vista de las expectativas de viabilidad de la solicitud, la asistencia letrada en esa fase es esencial.

Más relevante aún es la previsión según la cual la asistencia jurídica tendrá carácter preceptivo en el marco del procedimiento fronterizo (art. 16.2.2°). La especial vulnerabilidad en la que se encuentran a menudo los solicitantes recién llegados a un puesto fronterizo, la situación de privación de libertad a la que quedan sometidos como consecuencia de la prohibición de acceso al territorio español,[61] y la extraordinaria celeridad con la que ha de procederse a su tramitación, convierten la asistencia jurídica en este tipo de supuestos en especialmente necesaria. Si se tiene en consideración, además, que el procedimiento fronterizo resulta también aplicable a efectos de admisión respecto de las solicitudes presentadas en los Centros de Internamiento de Extranjeros, o a un grupo de solicitantes especialmente vulnerable, como es el caso de los polizones, cuya privación de

---

59. CEAR, "Propuestas de CEAR ante el proyecto de una nueva ley de asilo. Una nueva ley para un derecho en crisis", en *Informe 2009*, cit., pp. 274-275.

60. DEFENSOR DEL PUEBLO, *Informe...*, *cit.*, pp. 255- 256 y 251.

61. En la STC 53/2002, por la que se resolvía el recurso de inconstitucionalidad presentado ¡diez años antes! por el Defensor del Pueblo contra los aspectos de la ley 9/1994 relacionados con este tema, el máximo intérprete de nuestra Constitución concluyó que la retención en el puesto fronterizo de los solicitantes de asilo en tanto se resuelve sobre la admisión de su petición constituye una privación de libertad sometida al art. 17 de la Constitución, si bien no le es aplicable el límite de 72 horas previsto para las privaciones de libertad de carácter penal en ese mismo precepto constitucional, siendo suficiente con que sea cierta, con límites temporales claramente definidos, y proporcionada.

libertad derivada de la prohibición de desembarque se produce en el propio buque en condiciones a menudo deplorables,[62] la nueva norma resulta mucha mejor bienvenida.

Y lo propio cabe decir, por último, respecto de la previsión del art. 19.4 de la nueva ley que, al proclamar el derecho del solicitante a entrevistarse con el abogado en las dependencias de los puestos fronterizos y centros de internamientos de extranjeros, debería poner fin a las restricciones injustificadas que se han denunciado en lo que se refiere al acceso de los asesores jurídicos a tales dependencias.[63]

Un último aspecto a reseñar en el que la nueva ley representa una cierta mejora respecto de la situación actual tiene que ver con la suspensión de los efectos de las resoluciones de inadmisión o desestimatorias en caso de impugnación judicial. Al igual que ocurría hasta ahora, la principal consecuencia vinculada a tales resoluciones es la salida del territorio español, sea mediante retorno, devolución, salida obligatoria o expulsión o traslado del interesado.[64] Bajo la anterior regulación y con carácter general, el recurso contencioso-administrativo contra la citada resolución carecía de efecto suspensivo, de modo que desde el mismo momento de su notificación al interesado, éste podía ser devuelto o expulsado. La única excepción venía representada por aquellos supuestos en los que la resolución de inadmisión se hubiera dictado en el marco de un procedimiento fronterizo en el que, además, ACNUR hubiera manifestado en su informe una posición favorable a la admisión. En tales casos, previa solicitud del interesado, el acto administrativo decretando la devolución, expulsión o traslado quedaba suspendido.[65]

Pese a que desde algún sector ha sido equivocadamente interpretada como un debilitamiento de la posición de ACNUR, la nueva regulación implica una no desdeñable mejora respecto de la situación anterior, no exigida además por la normativa comunitaria.[66] Y ello pese a que la regla

---

62. Sobre la especial problemática que plantean los polizones, DEFENSOR DEL PUEBLO, *Informe...*, *cit.*, pp. 271 y ss.; y CEAR, *Informe 2009*, pp. 48 y ss.

63. Una vez más, DEFENSOR DEL PUEBLO, *Informe...*, pp. 262-263, y 265-267.

64. Véanse los arts. 37 y 17 de la nueva y de la anterior ley, respectivamente.

65. Arts. 21.2 de la anterior ley, y 39.2 del Reglamento.

66. En el preámbulo de la directiva sobre procedimientos, si bien se recuerda que el derecho de revisión judicial de las decisiones relativas a las solicitudes de asilo y a la retirada del estatuto de refugiado refleja un principio de Derecho comunitario fundamental, la eficacia del recurso depende de cada ordenamiento jurídico nacional. Véase

general sigue siendo el carácter no suspensivo de las resoluciones en materia de protección internacional. La suspensión, en efecto, ha de solicitarse expresamente en caso de interposición de recurso contencioso-administrativo por más que, eso sí, su tramitación se beneficie de su consideración de especial urgencia a los efectos previstos en la legislación sobre la jurisdicción contencioso administrativa (art. 29.2). Ahora bien, el efecto suspensivo sí que se asocia a su solicitud: de acuerdo con el art. 22, cuando se solicite la adopción de las medidas previstas en el precepto antes citado, la persona solicitante de asilo permanecerá en las dependencias habilitadas a tal efecto. Si se tiene en cuenta que la asistencia letrada es preceptiva y que, en esas condiciones, es impensable que no se solicite la suspensión de la resolución, el efecto de la reforma es, a efectos prácticos, atribuir carácter suspensivo al recurso hasta que la autoridad judicial se pronuncie sobre la citada solicitud. Si recordamos que algo parecido es lo que, en toda lógica, venía reclamando ACNUR,[67] no parece que el que se le haya privado de una función específica en la suspensión de las resoluciones de inadmisión o denegación sea algo que deba echarse de menos.

En el lado opuesto de la balanza, y por lo que se refiere a la configuración de los procedimientos, la nueva ley presenta dos tipos de problemas, que en modo alguno parecen de índole menor o accesoria. El primero de ellos representa a todas luces un claro retroceso respecto de la situación hasta ahora vigente en nuestro país, y hace referencia a la supresión de la posibilidad de solicitar protección en las embajadas y oficinas consulares de España en el exterior. La anterior normativa española, en efecto, contemplaba las misiones diplomáticas y oficinas consulares como uno de los lugares de presentación de las solicitudes de asilo (art. 4.1. RD 203/1995), disponiéndose su transmisión a la OAR a través del Ministerio de Asuntos Exteriores (arts. 4.4. de la ley y 6.2 RD 203/1995). La concesión de asilo en tales casos aparecía configurada como circunstancia determinante de la expedición de visado o autorización de entrada en España (art. 30.3 RD), sin perjuicio de que con anterioridad a la conclusión de la tramitación del

---

el apartado 27 de la exposición de motivos y el art. 39.3 de la directiva 2005/85.
67. Concretamente, la representación en España de la organización ginebrina sostenía que "dada la gravedad de las potenciales consecuencias de una decisión errónea en primera instancia, la permanencia del recurrente en el territorio debería permitirse como regla general, admitiéndose excepciones a este principio fundamental en casos expresamente definidos para casos de comportamiento abusivos o manifiestamente infundados". ACNUR, *Comentarios…, cit.*, pp. 42-43.

expediente, la Comisión Interministerial de Asilo y Refugio (CIAR) a propuesta de la OAR, podía autorizar el traslado a España del solicitante cuando el mismo se encontrase en situación de riesgo (art. 16 RD).

La citada regulación suponía un paliativo, ciertamente limitado, frente a una realidad que, se quiera o no, representa una muy seria amenaza para el derecho humano a solicitar asilo. En el marco en efecto de la denominada "Europa-fortaleza", el endurecimiento de las políticas de control de fronteras hace cada vez más difícil que un extranjero, por muy fundados que sean sus temores a sufrir persecución, tortura o atentados contra su vida en su país de origen, alcance suelo europeo, en general, y español en particular. No se olvide, por ejemplo, que España ha levantado altos e intrincados muros fronterizos, fomenta y subvenciona el fortalecimiento de los controles sobre la salida de personas por mar en terceros Estados, contribuye a la creación en ellos de centros de detención, o prevé la sanción a las compañías de transporte que, sin la imposible documentación en regla, traiga a suelo europeo a un solicitante de asilo cuya solicitud no acabe siendo admitida a trámite, cosa que sólo ocurre en menos de uno de cada dos casos.[68]

Es cierto que, acogiéndose a una interpretación sin duda restrictiva de la noción de refugiado recogida en el artículo 1 de la Convención de Ginebra, la posibilidad de presentar la solicitud en el exterior se limitaba a las embajadas y consulados radicados fuera del país de la nacionalidad o residencia del interesado, lo que dejaba fuera de su alcance el supuesto más habitual en que el afectado está perseguido o amenazado en su propio país, del que además no ha llegado a salir. De hecho, los datos estadísticos demuestran que, con la salvedad del año 2007,[69] la presentación de solicitudes en el exterior apenas ha venido representando aproximadamente un minúscu-

---

68. Sobre esto último puede verse con mayor detalle, E. ORIHUELA CALATAYUD, "El derecho a solicitar asilo. Un derecho en fase Terminal por las violaciones del Derecho internacional", *Revista jurídica Universidad Autónoma de Madrid*, Vol. 9 (2003), pp. 81 y ss.

69. En ese año, superando con creces las alrededor de trescientas solicitudes presentadas anualmente en el exterior, la cifra se disparó hasta alrededor de 1.500 como consecuencia de la masiva presentación de solicitudes por ciudadanos iraquíes en la embajada española en Egipto. Tales solicitudes fueron inadmitidas a trámite por estimar la OAR que los interesados gozaban de suficiente protección en Egipto. Véase, sobre estos temas, P. BÁRCENA GARCÍA, "25 años de la ley de asilo de 1984, un balance necesario", en CEAR, *Informe 2009*, pp. 238-239.

lo 2% del total de solicitudes presentadas en España. Pero al menos, la regulación aseguraba una innegable coherencia formal, garantizando el derecho a solicitar asilo en España a quien, mostrándose disciplinado con el mensaje más característico de nuestras políticas de inmigración, no tratase de acceder irregularmente a territorio español solicitando el visado en origen.

Bajo el cobijo de una directiva que, lisa y llanamente, ignora un problema que deriva de la propia política europea de inmigración, dejando fuera de su ámbito de aplicación los casos de asilo diplomático o territorial presentados en las representaciones de los Estados miembros (art. 3.2),[70] la nueva ley excluye la posibilidad de solicitar asilo en el exterior. Todo lo más, como consecuencia de la presión de algunas de las ONG´s más representativas en la materia,[71] finalmente se incluyó durante su tramitación en el Congreso de los Diputados un precepto, el artículo 38, que contempla la posibilidad de que, en estos casos, y siempre y cuando corra peligro su integridad física, los Embajadores de nuestro país promuevan el traslado a España "del o de los solicitantes de asilo" (*sic*) "para hacer posible la presentación de la solicitud conforme al procedimiento previsto en esta Ley". Si no hay riesgo para la integridad física del interesado, si éste no puede sortear los obstáculos físicos que acostumbran a dificultar el acceso a nuestras embajadas y consulados en lugares "calientes" o si, en última instancia, los embajadores no estiman oportuno ejercer en un sentido *pro homine* una competencia que no parece que esté configurada con un carácter excesivamente reglado, la única posibilidad de solicitar asilo en España es, llanamente, jugándosela para tratar de llegar "ilegalmente" a nuestro país. ¡Una curiosa forma de combatir el tan traído y llevado efecto llamada!.

El segundo tipo de problemas hace referencia a la pluralidad y complejidad de procedimientos previstos para la tramitación de las solicitudes de protección. De acuerdo con el nuevo texto legal, la tramitación más pausada y completa la recibirán aquellas solicitudes que sean capaces de alcanzar el denominado *procedimiento ordinario*, regulado en apenas tres párrafos en el artículo 24. Además de la mención de la posibilidad de nuevas

---

70. Omisión transitoria, quizá, a la espera de la puesta en práctica de soluciones "imaginativas" como la planteada en 2003 por Reino Unido, consistentes en crear Centros especiales de retención de los solicitantes de asilo fuera de la UE.

71. CEAR, Manifiesto en defensa del Derecho de asilo, diciembre de 2008, apdo. 2.

audiencias personales, sus rasgos más sobresalientes son, de una parte, la intervención de la CIAR, órgano colegiado creado por la ley de 1984 que añade a su composición un representante del departamento de Igualdad,[72] como instancia para pronunciarse sobre el fondo de la solicitud y formular la oportuna propuesta de resolución al Ministro del Interior. Y, de otra, la previsión de un plazo de seis meses para adoptar la resolución,[73] transcurrido el cual sin que haya recaído resolución, por silencio administrativo negativo la solicitud puede entenderse desestimada. Pese a su denominación, sin embargo, puede afirmarse con absoluta seguridad que no será éste el procedimiento a través del cual se tramitarán ordinariamente la mayoría de las solicitudes. Por el contrario, de mantenerse la tónica de la actual ley, bajo cuya regulación menos de la mitad de las solicitudes llegan al procedimiento ordinario,[74] un porcentaje en absoluto desdeñable de las mismas acabará obteniendo una respuesta negativa a través de alguno de los otros tres procedimientos previstos en la ley.

Dos de ellos, más que procedimientos autónomos, se configuran como etapas de necesaria superación que operan a modo de filtro para que las solicitudes puedan ser plenamente examinadas en cuanto al fondo. Se trata de versiones ligeramente remozadas del procedimiento de admisión a trámite, de una parte, y del procedimiento fronterizo, de otro, introducidos ambos en la ley anterior con ocasión de la reforma de 1994, y que muy fundadamente han sido señalados por M. FULLERTON, en una ácida crítica a los sistemas ibéricos de asilo, como responsables del reducido número de solicitudes de protección que, comparado con los países de nuestro entorno, se presentan en España.[75]

El procedimiento de *admisión a trámite* resulta aplicable, según se desprende de la rúbrica del artículo 20, al examen inicial de las solicitudes

---

72. De conformidad con el art. 23.2, la CIAR estará compuesta por un representante de cada uno de los departamentos con competencia en materia de política exterior e interior, justicia, inmigración, acogida de los solicitantes de asilo e igualdad. El art. 35.1 mantiene, por su parte, la participación en sus reuniones del representante en España de ACNUR.

73. En los términos del art. 19.7 de la ley, los plazos en ella establecidos son siempre susceptibles de ser ampliados de acuerdo con lo dispuesto en el art. 49 de la Ley 30/1992 hasta un máximo del 50%.

74. Véase el apéndice estadístico de CEAR, *Informe 2009*, p. 345.

75. M. FULLERTON, "Inadmissible in Iberia: The Fate of Asylum Seekers in Spain and Portugal", *Int'l J. Refugee L.*, vol. 17 (2005), pp. 659 y ss.

presentadas dentro del territorio español, si bien de ellas quedan excluidas, por la razón que después se dirá y de conformidad con lo previsto en el art. 25.2, las que sean presentadas por una persona privada de libertad en un Centro de Internamiento de Extranjeros. Respecto de su tramitación, el precepto que lo regula no da más pista que la celeridad con la que ha de resolverse, al señalar un plazo de un mes desde la presentación de la solicitud para que la administración dicte la oportuna resolución, transcurrido el cual la solicitud se estima admitida a trámite con la consiguiente prolongación del derecho de permanencia provisional en España del interesado hasta que se dicte la resolución definitiva (art. 20.2). Toda la tramitación, eso sí, parece reservarse como es ahora el caso, a la OAR, cuya propuesta de resolución se basará presumiblemente en la información inicial aportada por el solicitante y la obtenida a raíz de la entrevista personal, siendo difícil que la celeridad requerida permita la celebración de nuevas audiencias.

Un repaso a los motivos de inadmisión a trámite previstos en la nueva ley permitiría *a priori* vislumbrar en ella la apuesta por un modelo más garantista en comparación con el anteriormente vigente. De los motivos enumerados en el artículo 20 de la ley se caen en efecto, por imperativo de la directiva comunitaria en materia de procedimientos,[76] todos los que aparecían en la anterior relacionados con la apreciación de cuestiones de fondo, es decir, vinculadas con el carácter manifiestamente infundado de la solicitud, o de las circunstancias de exclusión y excepciones a la no devolución.[77] Con esa salvedad, y con el ya señalado añadido derivado de la cuestionable exclusión del derecho de asilo a ciudadanos europeos (apdo. f), las causas de inadmisión reproducen, adaptándolas a los desarrollos derivados de la evolución de la política europea de asilo, los restantes motivos que ya contemplaba nuestra legislación. Así, el motivo relaciona-

---

76. Véase el art. 25 de la directiva 2005/85, el cual limita básicamente los motivos de inadmisión a circunstancias relacionadas con la asignación de responsabilidad para el examen de la solicitud a otro Estado, incluyendo la noción de tercer país seguro, el otorgamiento previo de protección en otro Estado, incluyendo la noción de primer país de asilo, o la reiteración de una solicitud previa.

77. Véanse los subapartados a, b y d del art. 5.6 de la ley 5/1984. Si el primero hace referencia a las circunstancias de exclusión, los otros dos se referían a la falta de alegación de circunstancias determinantes del reconocimiento como refugiado, y a la invocación de hechos, datos o alegaciones manifiestamente falsos, inverosímiles u obsoletos.

do con la asignación de la responsabilidad para el examen de la solicitud a otro Estado, se adapta en su redacción para hacer referencia al Reglamento de Dublín (apdo. a), lo que no obsta para que se mantenga, con una redacción idéntica a la de la legislación anterior, una referencia a eventuales Convenios Internacionales que pueda celebrar España sobre la materia (apdo. b).[78] La inadmisión, en aplicación de la regla *non bis in idem*, de solicitudes posteriores a otras anteriores ya denegadas, queda condicionada a que no hayan surgido cambios relevantes, no sólo en el país de origen, como se limitaba a contemplar la anterior legislación, sino también en las condiciones particulares del interesado, en lógica coherencia con el reconocimiento expreso en el artículo 15 de la denominada persecución "in situ" (apdo. e).

Los otros dos motivos, relacionados con las nociones de "primer país de asilo" y "Estado tercero seguro" (apdos. c y d), son objeto de un desarrollo sensiblemente mayor que en la anterior ley, y ello con la inequívoca finalidad de adaptar su redacción a los requisitos a los que se supedita su aplicación en los artículos 26 y 27 de la directiva de procedimientos, a los que incluso se hace remisión de manera expresa. Sin entrar en detalles sobre el mayor o menor acierto a la hora de reflejar los citados requisitos en la ley,[79] hay dos cosas sobre los citados motivos que deberían quedar

---

78. La referencia a otros convenios no deja de ser cuestionable por tres razones: en primer lugar, porque hasta la fecha no existe ninguno de esos convenios; en segundo lugar, porque en pleno proceso de construcción de un Sistema Europea Común de Asilo, parece razonable pensar que la competencia al respecto correspondería a la UE, lo cual además encaja en la definición de las competencias de la Unión en ese ámbito que hace el art. 216.1 TFU; y, en tercer lugar y sobre todo, porque este tipo de reglas de distribución de responsabilidad debería asentarse en un principio de reconocimiento mutuo articulado a partir de una cierta armonización previa de los sistemas nacionales de asilo implicados.

79. Hay que recordar, por ejemplo, que para aplicar la noción de primer país de asilo, no basta con que el Estado en cuestión garantice de modo efectivo el principio de no devolución "con arreglo a la Convención de Ginebra", pues del DIDH también derivan exigencias de no devolución, como por lo demás se reconoce en la propia configuración del estatuto de protección subsidiaria y en el tenor del apartado d) relativo a la noción de "tercer país seguro". Asimismo, el hecho de que hasta el último momento no se introdujera en este último apartado la exigencia de vinculación con el tercer país, determina un error de redacción como consecuencia del cual dicha relación aparece al propio tiempo como un requisito obligatorio ("siempre que ... existan vínculos por los cuales sería razonable que el solicitante fuera a ese país") y una condición

claras. De una parte, que la simple concesión de protección en un tercer Estado o el mero tránsito por él son circunstancias que no autorizan por sí solas la inadmisión de la solicitud, especialmente si ese tercer Estado no ofrece garantías efectivas en materia de derechos humanos y de protección de los refugiados. Y de otra, que las nociones de primer país de asilo y de tercer Estado seguro no excluyen el derecho a un examen individual, objetivo e imparcial de la solicitud configurado como una garantía esencial en la directiva de procedimientos (art. 8.2.a). De donde, si se tiene en cuenta la celeridad de este tipo de procedimientos, habría que extraer una consecuencia inevitable: la invocación razonada de circunstancias plausibles que cuestionen el respeto de aquellas garantías en el tercer país debería ser motivo suficiente para que la solicitud fuera admitida a trámite y examinada con mayor sosiego en el marco del procedimiento ordinario.[80]

Consideraciones similares, aunque con mayor rotundidad, cabe hacer especto del denominado *procedimiento fronterizo*, toda vez que en él se da la sorprendente paradoja de que los motivos de rechazo de la solicitud se incrementan mientras que la tramitación se acelera. Introducido en 1994 con la intención de impedir el uso del asilo con estrictos fines de inmigración, el procedimiento fronterizo aspira a asegurar un rechazo rápido de las solicitudes "fraudulentas" o manifiestamente infundadas, de tal manera que se reduzca al mínimo indispensable el periodo de privación de libertad que se impone en las dependencias fronterizas al solicitante. Por dos razones, sin embargo, su ámbito de aplicación no se limita a los supuestos en los que, como reza el art. 21.1 de la nueva ley, "una persona extranjera que no reúna los requisitos necesarios para entrar en territorio español presente una solicitud de protección internacional en un puesto fronterizo".

De una parte, porque como antes se avanzó, por razones vinculadas a la conveniencia de resolver con celeridad lo que no deja de ser un obstáculo

---

de aplicación discrecional ("También podrá requerirse la existencia de una relación entre el solicitante de asilo y el tercer país de que se trate").

80. Y ello porque una solicitud de este tipo no encajaría dentro de aquéllas para las que resultan admisibles los procedimientos acelerados y/o abreviados. No se olvide que, según el Comité Ejecutivo de ACNUR, tales solicitudes serían "those which are clearly fraudulent or not relate to the criteria for the granting of refugee status laid down in the 1951 United Nations Convention relating to the Status of Refugees nor to any other criteria justifying the granting of asylum". UNHCR, *The Problem of Manifestly Unfounded or Abusive Applications for Refugee Status or Asylum*, 20 October 1983, No. 30 (XXXIV) - 1983. Par. D.

para la expulsión de un extranjero privado de libertad, el procedimiento fronterizo resulta también aplicable cuando la solicitud de asilo es presentada por quienes están internados en Centros de Internamiento de Extranjeros (art. 25.2). De otra, porque es más que presumible que, como ha venido aconteciendo hasta ahora, este procedimiento se siga aplicando a los polizones extranjeros embarcados en buques que atracan en puertos españoles y que soliciten protección internacional, haciendo las veces el propio buque de dependencia fronteriza de permanencia del solicitante hasta tanto se procede a su sustanciación. Es de lamentar que, reconocida oficialmente no sólo la situación de especial vulnerabilidad en la que se encuentran los polizones,[81] sino también la necesidad de resolver los problemas denunciados en su momento por el Defensor del Pueblo, no se haya aprovechado la ocasión para asegurar por vía legal sus garantías de manera más adecuada. Cabe esperar, al menos, que por vía de Real Decreto, el Reglamento de Aplicación de la ley solvente la anomalía que representa que sean simples Instrucciones de direcciones generales diversas del Ministerio del Interior las que regulen tan delicada cuestión.[82]

Aún cuando en alguna fase de la tramitación de la ley se planteó la supresión del reexamen,[83] finalmente la regulación que de la estructura del

---

81. Derivada, entre otros factores, de "la incertidumbre, la imposibilidad de abandonar el buque, el no mantener más contacto con el exterior que el de las autoridades policiales, la procedencia de países de gran inestabilidad política (o) el desconocimiento del idioma y del sistema jurídico que se les aplica al llegar a territorio español", según rezaba la ya derogada Instrucción de la Dirección General de Política Interior, de 14 de julio de 2005, sobre aspectos procedimentales ligados al posible ejercicio del derecho de asilo por polizones extranjeros.

82. La regulación actualmente vigente está representada por las Instrucciones conjuntas de la Dirección General de la Policía y de la Guardia Civil, de la Dirección General de Política Interior, y de la Dirección General de Inmigración, sobre tratamiento a polizones extranjeros, de fecha 28 de noviembre de 2007. Si bien con ella se trata de solventar algunos de los problemas detectados por el Defensor del Pueblo, disponiendo la asistencia jurídica desde el mismo momento que el polizón manifieste su intención de entrar en España (Instrucción 3ª, apdo. 2º), subsiste la aplicación del procedimiento fronterizo (Instrucción 6ª) y la permanencia del solicitante en el buque mientras se procede a su sustanciación, salvo que, por apreciarse vulneración de la prohibición de la tortura y tratos crueles, inhumanos o degradantes, el Subdelegado del Gobierno decrete su desembarco (Instrucción 4ª).

83. En el proyecto de ley, ese peculiar recurso administrativo no devolutivo que es la petición de reexamen era reemplazado por un recurso de reposición (art. 19.4 y 5)

procedimiento fronterizo hace el art. 21 de la nueva ley reproduce *mutatis mutandis* su anterior configuración: resolución en primera instancia en un plazo máximo de cuatro días desde la presentación de la solicitud, con posibilidad de solicitar el reexamen de la resolución de inadmisión o denegación en un plazo de dos días desde su notificación, que a su vez habrá de ser resuelto en un plazo máximo de otros dos días. Sin perjuicio de posibles ampliaciones,[84] la idea es que con carácter general en unos ocho días debe quedar resuelta la cuestión de si el solicitante puede entrar en territorio español a la espera de que su solicitud sea objeto de un examen más detenido[85] o, por el contrario, puede ser expulsado, devuelto o trasladado.

Sin embargo, lo más preocupante de la regulación del procedimiento fronterizo es que el mismo no aparece configurado como un simple procedimiento de admisión a trámite. En efecto, los ya mencionados motivos determinantes de la inadmisión a trámite resultan igualmente aplicables en el ámbito del procedimiento en frontera. Pero, junto a la inadmisión, este

---

Debido sobre todo a que este último impide revisar las apreciaciones de hecho en las que se basa la resolución impugnada, a petición de ACNUR, durante la tramitación en el Congreso se restableció que el recurso procedente contra las resoluciones dictadas en el marco del procedimiento fronterizo debía seguir siendo el reexamen. Véase, ACNUR, *Comentarios...*, p. 34. Aunque el art. 29.1 de la ley parece admitirlo, resulta absurdo mantener la posibilidad de un recurso de reposición contra la resolución por la que se resuelva la petición de reexamen.

84. Por la situación de privación de libertad que acompaña a este procedimiento, la posibilidad de ampliación del plazo que con carácter general permite el art. 19.6 por remisión a la Ley de Procedimiento Administrativo, y que permitiría extender esa situación hasta un total de 12 días, debería ser objeto de interpretación restrictiva.

85. El transcurso de los plazos fijados sin que haya recaído resolución expresa determina, según el art. 21.5, la admisión a trámite de la solicitud, su tramitación por el procedimiento ordinario y la autorización de entrada y permanencia provisional del solicitante. Aunque no se diga expresamente, la puesta en libertad debe ser también la consecuencia de la falta de resolución en plazo respecto de los solicitantes internados en Centros de Internamiento de Extranjeros. No se olvide, sin embargo, que de conformidad con el art. 19.1, por motivos de salud o seguridad públicas pueden adoptarse medidas cautelares en aplicación de la normativa vigente en materia de extranjería e inmigración. De conformidad con el artículo 61 de la ley de extranjería, entre las posibles medidas a adoptar figuran la presentación periódica ante las autoridades competentes, la residencia obligatoria en determinado lugar, la retirada del pasaporte o documento acreditativo de nacionalidad o el internamiento preventivo previa autorización judicial.

procedimiento puede concluir igualmente mediante una resolución de denegación basada en tres motivos adicionales.[86] Dos de ellos son reconducibles a supuestos de falta manifiesta de fundamento, y se refieren, de una parte, a que la solicitud no plantee cuestiones relacionadas con los requisitos para el reconocimiento del estatuto de refugiado o del derecho de protección subsidiaria; y, de otra, a que las alegaciones invocadas en apoyo de la solicitud sean incoherentes, contradictorias, inverosímiles, insuficientes, o que contradigan información suficientemente contrastada sobre el país de origen. Es discutible que un simple cambio terminológico, mediante el cual se habla de denegación para aludir a lo que el artículo 5.6 y 7 de la anterior ley calificaba de inadmisión a trámite, baste para hacer compatible la extensión del procedimiento fronterizo a motivos de fondo con una directiva de procedimientos que, si bien es cierto que admite la existencia de procedimientos fronterizos (art. 35), limita estrictamente los motivos de inadmisibilidad excluyendo los anteriores (art. 25). Sea como fuere, en su aplicación debería reclamarse una exquisita prudencia, rechazándose su operatividad como causa de denegación a poco que se plantee la más mínima duda razonable sobre la posible existencia de persecución o de daños graves, o sobre la veracidad de las alegaciones. Desde esta perspectiva, tratándose de los motivos que en mayor medida han venido fundamentando bajo la anterior ley las inadmisiones en frontera, no puede sino deplorarse la práctica denunciada por el Defensor del Pueblo en virtud de la cual las correspondientes resoluciones se caracterizaban por una evidente parquedad y un uso generoso de modelos preconfeccionados.[87]

Junto a los anteriores motivos, en contra de una posición reiterada con insistencia por ACNUR,[88] el Comité de Ministros del Consejo de

---

86. Y ello gracias a que, en el último momento, durante la tramitación en el Senado, desapareció el motivo referente a tener incoado expediente de expulsión, acordada la devolución o el rechazo en frontera, es decir, circunstancias que en modo alguno tienen que ver con la concurrencia o no de los criterios de elegibilidad.

87. DEFENSOR DEL PUEBLO, *Informe...*, *cit.*, pp. 235-237. Véase también, en un sentido similar, M. FULLERTON, "Inadmissible...", *cit.*, pp. 670 y 680 y ss.

88. *Vid.*, por todos sus posicionamientos sobre el particular, UNHCR, *Guidelines on International Protection: Application of Exclusion Clauses: Article 1F of the 1951 Convention Relating to the Status of Refugees*, HCR/GIP/03/05, Sept. 2003, para. 31: "Given the grave consequences of exclusion, it is essential that rigorous procedural safeguards are built into the exclusion determination procedure. Exclusion decisions should in principle be dealt with in the context of the regular refugee status determi-

Europa,[89] y alguna de las ONG´s más representativas en la materia a nivel europeo,[90] por inequívocas razones de seguridad azuzadas en los últimos tiempos por el temor frente a la amenaza terrorista, se mantiene la posibilidad de que en el marco del aceleradísimo procedimiento fronterizo se examinen las muy complejas cuestiones vinculadas con la concurrencia de criterios de exclusión o de excepciones al principio de no devolución. ¡Alrededor de dos semanas, en el mejor de los casos,[91] para que instancias administrativas se pronuncien sobre si el solicitante, recién llegado a la frontera, ha cometido crímenes o prácticas atroces, o es un peligro para la seguridad de España de tal magnitud como para hacer asumible un eventual riesgo grave de persecución en el país de origen¡.[92] Resulta inevitable pensar que la práctica totalidad de los casos fronterizos que culminen en una resolución de denegación por estos motivos deben ser objeto de revisión judicial, cosa a la que, eso sí, ayudaría la preceptiva asistencia letrada si ésta se instrumenta como es debido. Pero, si esto es así, ¿no habría sido preferible reconducir estos casos directamente al procedimiento ordinario a fin de asegurar desde el principio un examen adecuado?

El último procedimiento previsto es, a diferencia de los anteriores, una novedad en nuestro ordenamiento. Inicialmente denominado en el proyecto de ley "procedimiento abreviado", tras una tramitación parlamentaria que ha supuesto la introducción de retoques de incierto alcance en su con-

---

nation procedure and not in either admissibility or accelerated procedures, so that a full factual and legal assessment of the case can be made...".

89. Recommendation Rec(2005)6 of the Committee of Ministers to member states on exclusion from refugee status in the context of Article 1 F of the Convention relating to the Status of Refugees of 28 July 1951. Para. 2.b.

90. ECRE, *Comments from the Europen Council on Refugees and Exiles on the Commission Working Document. The Relationship between Safeguarding Internal Security and Complyng with International Protection Obligations and Instruments*, Londres, 2002, pp. 2 y ss.

91. Con el fin de suavizar en cierto modo el impacto de la inclusión de las citadas circunstancias en el marco del procedimiento fronterizo, el proyecto de ley incluyó ya la ampliación, finalmente contemplada en el art. 21.3, del plazo de resolución en primera instancia a diez días para el caso de que, por estar implicada alguna de esas circunstancias en el examen de la solicitud, el ACNUR así lo solicite razonadamente.

92. Para un análisis más amplio de esta problemática, G. GILBERT, "Current Issues in the Application of Exclusion Clauses", en E. Feller, V. Türk y F. Nicholson (eds.), *Refugee Protection in International Law. UNCHR´ s Global Consultations on International Protection*, Cambridge, 2003, pp. 464 y ss.

figuración, el artículo 25 de la ley regula la denominada "tramitación de urgencia". Los mencionados retoques afectan tanto a la configuración del procedimiento como a la determinación de los motivos a los que resulta aplicable, siendo así que la incertidumbre respecto a aquéllos repercute necesariamente sobre la valoración relacionada con éstos. A ver si me explico.

En el art. 22 del proyecto de ley presentado por el Gobierno, en efecto, se regulaba un procedimiento de fondo alternativo al ordinario denominado procedimiento abreviado, que se diferenciaba de aquél en dos aspectos. De una parte, en una notoria reducción de los plazos de tramitación en un tercio, quedando inicialmente fijados en dos meses frente a los seis del procedimiento ordinario desde la presentación de la solicitud.[93] De otra, en una configuración del procedimiento basada en la asignación a la OAR no sólo de la función de instrucción, sino también de la propuesta sobre el fondo, sin perjuicio de la asignación de la decisión final, como en todos los demás procedimientos, al Ministro del Interior. La CIAR, en cambio, que en el procedimiento ordinario formula la propuesta, tan sólo sería informada de las resoluciones dictadas en el marco de este procedimiento. Junto al cambio terminológico, los retoques durante el proceso parlamentario han afectado a ambos aspectos, si bien es incierto su alcance respecto de este último.

Respecto de los plazos, en efecto, porque finalmente se han ampliado para quedar fijados en la mitad de los señalados para el procedimiento ordinario o, lo que es lo mismo, en tres meses (art. 25.4). Y en relación con la intervención de la CIAR, porque la obligación de información se refiere, ya no a las resoluciones dictadas a través del procedimiento de urgencia, sino a "los expedientes que vayan a ser tramitados con carácter de urgencia" (art. 25.3), suprimiéndose la referencia a que la resolución se dicte a propuesta de la OAR y disponiéndose que, salvo en materia de plazos, "será de aplicación al presente procedimiento lo dispuesto en el artículo 24 de la ley", esto es, para el procedimiento ordinario. A la espera de su concreción a través del desarrollo reglamentario, el procedimiento de urgencia vendría así a representar únicamente una versión preferente y

---

93. En el proyecto de ley se venía a sugerir indirectamente que la reducción de plazos implicaría generalmente renunciar al trámite de audiencia, el cual sólo se preveía obligatoriamente para el caso de que la resolución de denegación viniera motivada en hechos, alegaciones o pruebas distintas de las aducidas por el interesado.

acelerada en su tramitación del procedimiento ordinario, del que no derivaría ni una reducción de garantías, ni una supresión de trámites de singular relevancia, en especial en lo que se refiere a una posible audiencia personal, ni una exclusión de la función de decisión sobre el fondo que, de facto, ejerce la CIAR en el procedimiento ordinario. Una función que, además de contribuir a una más que saludable división entre tareas instructoras y decisorias, aporta una pluralidad y riqueza de perspectivas en el examen de las solicitudes de asilo mayor que la que puede ofrecer, por su naturaleza, un órgano de gestión del Ministerio del Interior. Y ello, además, en presencia y con participación en las deliberaciones de ACNUR.

El problema es que, si bien es cierto que en relación con algunos motivos sí está presente un elemento de urgencia en la resolución, relacionado con la situación de especial vulnerabilidad (menores no acompañados) o de privación de libertad en la que se encuentra el interesado (solicitudes presentadas en centros de internamiento admitidas a trámite), en la mayor parte de los motivos más que un factor de urgencia lo que parece haber es la voluntad de facilitar la rápida −y masiva− tramitación de ciertas solicitudes respecto de las que se introduce una presunción casi siempre desfavorable a su estimación. En este sentido, comenzando por lo excepcional, teniendo en cuenta lo restrictivo de la práctica seguida en nuestro país en materia de asilo, no parece problemática desde el punto de vista de lo equitativo de la solución a adoptar la tramitación acelerada de las solicitudes que, a juicio de la OAR, parezcan manifiestamente fundadas. Tampoco deja de ser razonable, en un sentido opuesto, que se tramiten de manera rápida las solicitudes que se sustenten en circunstancias que para nada tienen que ver con los criterios de elegibilidad para el reconocimiento de la condición de refugiado o del derecho de protección subsidiaria, por no haber sido alegados ni apreciarse de oficio motivos de carácter general −sobre la situación en el país de origen− ni de índole individual −sobre la situación particular del solicitante− relacionados con temores de persecución o de riesgo contra su vida o integridad. Eso sí, esto último siempre y cuando todo ello no se deba a deficiencias en la prestación efectiva de la asistencia letrada y de intérprete en el cumplimiento de las obligaciones de información y asistencia a las que tienen derecho los solicitantes.

En otros casos, en cambio, parece necesario insistir especialmente en que la presunción es sólo *iuris tantum*, y que debe bastar con la aportación de indicios razonables de duda para que la aceleración del procedimiento no impida un examen pleno −individualizado, objetivo e imparcial− de la solicitud. Es lo que debe ocurrir, como ha acabado por reconocer expresamente la ley, respecto de esa suerte de presunción de solicitud fraudulenta que se asocia a las solicitudes presentadas con posterioridad al plazo de un mes desde la entrada en territorio español.[94] Una presunción que sólo es admisible cuando esa presentación tardía lo es "sin motivo justificado", debiendo entenderse que difícilmente dejará de serlo el más que comprensible temor de quien, tras una experiencia traumática, accede a un país del que desconoce casi todo menos la sensación de que las autoridades tienen por cometido, casi siempre, expulsar a quien entró irregularmente en el territorio.

Y lo propio habría que decir respecto de las solicitudes formuladas por nacionales de terceros Estados incluidos en la futura lista comunitaria de países de origen seguros,[95] motivo respecto del cual debe recordarse con insistencia que la citada inclusión no excluye la necesidad de un examen individual de la solicitud, y que además solo resulta operativa como pre-

---

94. Aún cuando sea legítimo denegar las solicitudes presentadas por motivos de mera inmigración, resulta peligroso tildar sin más de presuntamente fraudulentas las peticiones formuladas por quienes entran irregularmente en España o por quienes no han tenido ocasión de regularizar su situación en nuestro país y estén pendientes de expulsión. Respecto de lo primero, baste recordar lo ya dicho sobre la presentación de solicitudes en embajadas. Y respecto de lo segundo, conviene subrayar que las razones por las que un inmigrante irregular no presenta una solicitud de protección hasta un momento tardío no tienen por qué estar siempre ligadas a la consideración del asilo como una especie de último cartucho para impedir fraudulentamente una expulsión. Es de agradecer, por ello, que en el Senado se suprimiera como motivo para la tramitación urgente el tener incoado expediente de expulsión, acordada la devolución o el rechazo en frontera.

95. Los artículos 29 y 36 de la directiva de procedimientos, por el que se sometía a simple consulta la adopción de las listas de países seguros, fueron anulados por entenderse aplicable el mismo procedimiento -codecisión- que el previsto en la base jurídica para la adopción de la propia directiva. TJCE, s. de 6 de mayo de 2008, *Parlamento c. Consejo*. Un comentario de la misma desde la perspectiva eminentemente competencialista, N. NAVARRO BATISTA, "Bases jurídicas derivadas, delegación legislativa y poder de ejecución: el equilibrio institucional. Comentario a la sentencia del TJCE de 6 de mayo de 2008, *Parlamento Europeo c. Consejo*, C-133/06", *RGDE*, vol. 18 (2009). Además de haber retrasado la adopción de la mencionada lista, el incremento de la intervención parlamentaria debería suponer, en condiciones normales y tomando en cuenta la mayor sensibilidad de la instancia parlamentaria hacia el respeto de los derechos humanos, una garantía mayor frente a indeseables inclusiones motivadas por factores meramente políticos.

sunción cuando el solicitante "no ha aducido motivo grave alguno para que el país no se considere país de origen seguro en sus circunstancias particulares".[96] Insistencia tanto más justificada cuanto que, por razones específicas vinculadas con la presión que representa el fenómeno terrorista en nuestro país, la tentación de no perturbar la por lo demás tan necesaria cooperación internacional en materia penal, podría debilitar la voluntad de una ecuánime aplicación de la ley —y del Derecho internacional del que ésta trae causa—. Es de agradecer, con todo, que al menos en nuestro país la eventual lista europea no sólo será mínima, sino también máxima, al no haberse hecho uso de la posibilidad ofrecida por el artículo 30 de la directiva de procedimientos de designar como seguros terceros países distintos de los incluidos en la lista mínima.

Por último, por las razones ya señaladas derivadas de la complejidad que casi siempre comporta la valoración de las causas de exclusión y de las excepciones al principio de no devolución por razones de seguridad y orden público, no sólo no cabe asociar ninguna presunción a las solicitudes de quienes supuestamente estén incursos en ellas, sino que su tramitación preferente y/o acelerada en modo alguno debe impedir su examen de manera plena, individual, objetiva e imparcial.

V

Ya señalamos al principio que el objetivo de este trabajo era intentar ofrecer una valoración sobre si la nueva ley es capaz de servir a la volun-

---

96. Para un análisis más amplio del que probablemente es el aspecto más cuestionado de la directiva de procedimientos, puede consultarse C. COSTELLO, "The Asylum Procedures Directive and the Proliferation of Safe Country Practices: Deterrence, Deflection, and the Dismantling of International Protection?", *Int'l J. Refugee L*, vol. 18 (2006), pp. 68 y ss.;. C. PEREZ GONZALEZ, "La directiva del Consejo sobre normas mínimas para los procedimientos que deben aplicar los Estados miembros para conceder o retirar la condición de refugiado en el marco del sistema común de asilo de la Unión Europea", RGDE, n° 11 (2006), pp. 8 y ss.; o C. QUESADA ALCALÁ, "Las normas mínimas para los procedimientos que deben aplicar los Estados miembros para conceder o retirar la condición de refugiado. Comentario a la directiva 2005/85/CE del Consejo, de 1 de diciembre de 2005", *RGDE*, n° 12 (2007), pp. 18 y ss. Sobre la citada noción puede verse igualmente, J. QUEL LOPEZ, "El acceso a la protección de los solicitantes de asilo (incluido el concepto de tercer país seguro y movimientos irregulares)", en P. A. Fernández Sánchez, *La revitalización de la protección de los Refugiados*, Huelva, 2002, pp. 184 y ss.

tad, proclamada en la exposición de motivos, "de servir de instrumento eficaz para garantizar la protección internacional de las personas a quienes les es de aplicación y de reforzar sus instituciones: el derecho de asilo y la protección subsidiaria". No puede negarse, desde este punto de vista, que comparada con el más que cuestionable modelo anterior, la nueva ley introduce mejoras indiscutibles. Junto con una mejor definición de las circunstancias de elegibilidad para el reconocimiento del derecho de asilo, la ampliación de los motivos que lo justifican, o la proclamada voluntad de participar en programas de reasentamiento, quizá los aspectos más destacables sean la configuración legal del derecho de protección subsidiaria en términos matizadamente razonables, su unificación prácticamente total a efectos procedimentales y sustantivos con el derecho de asilo, así como incuestionables mejoras en el ámbito de las garantías procedimentales relativas, sobre todo, a la asistencia jurídica y al aplazamiento de la ejecutoriedad de las resoluciones de inadmisión o denegación en caso de impugnación judicial.

Los mismos factores, sin embargo, que amenazan el derecho de asilo a nivel global, relacionados con la doble obsesión por frenar la inmigración económica no controlada, de una parte, y por garantizar la seguridad, ensombrecen seriamente la impresión general que provoca el nuevo texto legal. Comenzando por lo último, la obsesión por la seguridad se traduce, de una parte, en una suerte de configuración negativa encubierta del estatuto de ciudadanía europea en nuestro país, al privarse a los nacionales de Estados miembros de la UE del derecho a solicitar asilo en España. De otra, la regulación de las causas de exclusión resulta dudosamente compatible, como mínimo, con la Convención de Ginebra. Por su parte, el legítimo deseo de combatir el uso del derecho a solicitar asilo con estrictos fines de inmigración lleva, de un lado, a excluir la posibilidad reconocida hasta ahora de solicitar asilo en embajadas y oficinas consulares y, de otro, a profundizar en la línea de contemplar una pluralidad de procedimientos decisorios que, de no funcionar adecuadamente, pueden conducir a justificar rechazos masivos y estereotipados de solicitudes sobre la base de la aplicación de presunciones o apreciaciones no siempre coincidentes con la realidad.

Bajo la vigencia del anterior modelo, España ha alcanzado el dudoso honor de ocupar uno de los escalones más bajos dentro de la Unión Europea en lo que se refiere tanto al número de solicitantes de asilo, como al de reconocimientos de algún estatuto de protección.[97] Ya se ha dicho que la legislación anterior era manifestación mejorable de cara a otorgar una respuesta adecuada a las exigencias del Derecho internacional en materia de asilo y derechos humanos. Pero no puede olvidarse que la eficacia en la aplicación de una ley no es nunca sólo el resultado del mayor o menor acierto en su configuración técnico-jurídica. El desarrollo reglamentario y los medios que se pongan para su adecuada aplicación dirán si, como se dice en la exposición de motivos, la intención era realmente mejorar una situación manifiestamente mejorable o si, por el contrario, de lo que se trataba era tan solo de cubrir el expediente de la transposición de las normas mínimas europeas para que todo siga más o menos igual.

---

97. Con datos de 2008, y pese a tratarse de un país con una posición fronteriza muy característica en el ámbito de las relaciones Norte-Sur, en España se recibieron 4.440 solicitudes, es decir cien por cada millón de habitantes. Con cifras tan redondas, la comparación es sencilla: sesenta y tantas veces menos que Malta, cuarenta y tres veces menos que Chipre, diecisiete veces menos que Grecia, catorce veces menos que Bélgica, menos de un tercio que Alemania, más de seis veces menos que Francia, o casi diez veces menos que Holanda y Luxemburgo. De hecho, solo estamos por encima de Letonia, Estonia, Rumanía y Portugal. Las cifras son aún más alarmantes si, en lugar del número de solicitantes atendemos al número de decisiones positivas. Mientras que, como media, en la Unión Europea se estimaron alrededor de una de cada cuatro solicitudes, en España fue aproximadamente una de cada veinte. Esos y otros datos en EUROSTAT, *Asylum in the EU in 2008*. Newrelease 66/2009, 8.V.2009.

2. Las claves parlamentarias de la nueva ley reguladora del derecho de asilo y de la protección subsidiaria

Antonio Javier Trujillo Pérez[1]

Cumplidos veinticinco años de la promulgación de la Ley 5/1984, de 26 de marzo, reguladora del derecho de asilo y de la condición de refugiado, las Cortes Generales de España han aprobado la Ley 12/2009, de 30 de octubre, reguladora del derecho de asilo y de la protección subsidiaria, mediante la que se produce la derogación de la primera. En ese período de tiempo destacan, a nivel de producción normativa interna, la profunda modificación en la primitiva regulación efectuada por la Ley 9/1994, de 19 de mayo, y la adición de un precepto realizada por la Ley Orgánica 3/2007, de 22 de marzo, para la igualdad efectiva de mujeres y hombres. Además, respecto a estas normas se pronunció el Tribunal Constitucional por medio de la Sentencia 53/2002, de 27 de febrero, desestimando el recurso de inconstitucionalidad interpuesto por la Defensora del Pueblo en funciones respecto del apartado 8 del artículo único de la reforma de 1994, en la redacción que daba al párrafo 3 del nuevo apartado 7 del artículo 5 de la Ley de 1984: dicha resolución fue objeto de dos votos particulares suscritos por cuatro Magistrados del Tribunal Constitucional.[2]

---

1. Profesor Titular de Derecho Constitucional, Universidad de Málaga.
2. La Sentencia con sus votos particulares fue publicada en el Suplemento al Boletín Oficial del Estado, núm. 80, de 3 de abril de 2002, pp. 77-88.

A nivel de la Unión Europea han de citarse tres Directivas porque la Ley 12/2009 indica expresamente que efectúa su incorporación al Derecho español: son las Directivas 2003/86/CE del Consejo, de 22 de septiembre de 2003, sobre el derecho a la reagrupación familiar, que entró en vigor el día 3 de octubre del mismo año y debía transponerse a más tardar el mismo día de 2005; 2004/83/CE del Consejo, de 29 de abril de 2004, por la que se establecen normas mínimas relativas a los requisitos para el reconocimiento y el estatuto de nacionales de terceros países o apátridas como refugiados o personas que necesitan otro tipo de protección internacional y al contenido de la protección concedida, para cuyo cumplimiento se establecía de plazo hasta el día 10 de octubre de 2006; 2005/85/CE del Consejo, de 1 de diciembre de 2005, sobre normas mínimas para los procedimientos que deben aplicar los Estados miembros para conceder o retirar la condición de refugiado, respecto de la que se fijaba de plazo para su transposición hasta el día 1 de diciembre de 2007, aunque dicho plazo se extendía hasta el día 1 de diciembre de 2008 en relación a los requisitos de la audiencia personal sobre la solicitud de asilo y la reunión previstas en el artículo 13 de la Directiva.

La Ley 12/2009 se ha tramitado en las Cortes Generales íntegramente durante la actual IX Legislatura y en algo más de diez meses, ya que la iniciativa del Gobierno en forma de Proyecto de Ley fue presentada el día 5 de diciembre de 2008 y la aprobación definitiva del Congreso de los Diputados tuvo lugar el día 15 de octubre de 2009. Prevista inicialmente en esta cámara su aprobación por la Comisión de Interior con competencia legislativa plena, se produjo con posterioridad la avocación de la iniciativa al Pleno, acordada por éste tras la celebración del debate de totalidad.[3] Tras haber sido modificado el texto en el Senado, volvió al Congreso

---

3. La decisión de realizar la tramitación en comisión fue adoptada por la Mesa del Congreso de los Diputados el día 16 de diciembre de 2008 (cfr. Boletín Oficial de las Cortes Generales-Congreso de los Diputados -en adelante, BOCG-CD-, IX Legislatura, Serie A, Núm. 13-1, 19 de diciembre de 2008, p. 1). La avocación al Pleno del debate y votación final de la iniciativa se adoptó por el propio Pleno a propuesta de la Junta de Portavoces (cfr. Diario de Sesiones del Congreso de los Diputados-Pleno y Diputación Permanente, en adelante DSCD-Pleno, IX Legislatura, Núm. 69, Sesión plenaria núm. 64, celebrada el día 18 de marzo de 2009, p. 57) con el mismo número de votos favorables que recibió la iniciativa en la última y definitiva votación en esta cámara, 327, aunque en la primera sesión citada se registró un voto en contra, mientras en la última hubo una abstención (vid. DSCD-Pleno, IX Legisla-

donde fueron ratificadas las enmiendas introducidas en la Cámara Alta.[4]

El Proyecto de Ley constaba de una Exposición de Motivos y 44 artículos, estructurados en seis Títulos, completados con siete Disposiciones Adicionales, dos Transitorias, una Derogatoria y cuatro Finales.[5] La Ley aprobada está compuesta por el Preámbulo, 48 artículos organizados en los mismos seis Títulos, seguidos a continuación por ocho Disposiciones Adicionales, dos Transitorias, una Derogatoria y cuatro Finales.[6] En este punto interesa destacar cuáles han sido los preceptos incorporados, así como una variación en la última de las Disposiciones Finales, que tiene conexión con un asunto de amplia repercusión política y mediática internacionales surgido en coincidencia temporal con lo previsto en esa concreta norma.

En primer lugar, se han añadido dos artículos al Título I, cuya rúbrica es "De la protección internacional". Ambos preceptos tienen la misma posición sistemática e idéntico contenido: se sitúan al final de los Capítulos I y II de este Título, denominados respectivamente "De las condiciones para el reconocimiento del derecho de asilo" y "De las condiciones para la concesión del derecho a la protección subsidiaria", y recogen como causas de denegación para ambos derechos constituir, por razones fundadas, un peligro para la seguridad de España, o una amenaza para la comunidad, por haber sido objeto de una condena firme por delito grave.[7]

En segundo lugar, se han incorporado dos preceptos al Título II, que es el relativo a las reglas procedimentales para el reconocimiento de la protección internacional, en dos lugares diferentes del mismo. De un lado, en el Capítulo dedicado a la presentación de la solicitud de protección internacional, el I de esta parte de la Ley, se ha recogido expresamente para los solicitantes de asilo −y no, por tanto, para los de protección subsidiaria según se desprende del artículo 22−, la permanencia en las dependencias habilitadas para ello, durante el tiempo que dure la tramitación de la petición de reexamen de las resoluciones del Ministro del Interior de inadmisión a trámite o denegación de las solicitudes presentadas en puestos fron-

---

tura, Núm. 113, Sesión plenaria núm. 105, celebrada el día 15 de octubre de 2009, p. 42).

4. Vid. DSCD-Pleno, IX Legislatura, Núm. 113, Sesión plenaria núm. 105, celebrada el día 15 de octubre de 2009, p. 42.

5. Cfr. BOCG-CD-, IX Legislatura, Serie A, Núm. 13-1, 19 de diciembre de 2008, pp. 1-17.

6. Cfr. Boletín Oficial del Estado, núm. 263, de 31 de octubre de 2009, pp. 90860-90884.

7. Son los artículos 9 y 12.

terizos; de los recursos de reposición frente a las mismas resoluciones y, por último, de la adopción de la decisión sobre la suspensión del acto administrativo que pretende recurrirse a través de la jurisdicción contencioso-administrativa. Deben precisarse dos puntos en este momento: la compleja redacción de este precepto y las posibles confusiones a que puede dar lugar, así como que, precisamente, la previsión de la Ley 9/1994 objeto del recurso de inconstitucionalidad anteriormente mencionado, abordaba parecido supuesto.[8] De otro lado también se ha incorporado a este Título II, la previsión sobre la presentación de solicitudes de protección internacional en Embajadas y Consulados españoles en el mundo, lo que viene a constituir el nuevo Capítulo VI de este Título.

Entre las Disposiciones añadidas en relación al Proyecto de Ley remitido por el Gobierno a las Cortes Generales, se ha previsto la realización de un informe anual por parte del primero que será remitido a las segundas, con indicación precisa de los números de peticiones y actuaciones relativas a las materias objeto de esta Ley.[9]

Por último, la redacción propuesta por el Gobierno relativa a la entrada en vigor de la Ley preveía que se realizara al día siguiente de su publicación en el Boletín Oficial del Estado, lo que suponía apartarse de lo ocurrido respecto a las leyes de 1984 y 1994.[10] Sin embargo, ese aspecto fue

---

8. Según el precepto de 1994 "durante la tramitación de la admisión a trámite de la solicitud y, en su caso, de la petición de reexamen, el solicitante permanecerá en el puesto fronterizo, habilitándose al efecto unas dependencias adecuadas para ello". El actual artículo 22 establece, bajo la rúbrica "Permanencia del solicitante de asilo durante la tramitación de la solicitud", que "En todo caso, durante la tramitación de la petición de reexamen y del recurso de reposición previstos en los apartados cuarto y quinto del artículo 21 de la presente Ley, así como en los supuestos en los que se solicite la adopción de las medidas a las que se refiere el apartado segundo de su artículo 29, la persona solicitante de asilo permanecerá en las dependencias habilitadas a tal efecto".

9. Se trata de la Disposición Adicional Octava, según la cual "el Gobierno remitirá a las Cortes Generales un informe anual sobre el número de personas que han solicitado asilo o protección subsidiaria, el número de personas a las que les ha sido concedido o denegado tal estatuto, así como del número de reasentamientos que se hayan efectuado y número de personas beneficiarias de la reagrupación familiar; ceses y revocaciones y situación específica de menores u otras personas vulnerables".

10. La Disposición Final de la Ley 5/1984 (BOE núm. 74, de 27 de marzo de 1984) no contenía previsión alguna sobre la entrada en vigor, por lo que esta se produciría a los veinte días a contar de su publicación, por aplicación de la regla general recogida en

modificado durante la tramitación parlamentaria, recogiéndose expresamente la entrada en vigor de la norma a los veinte días de la citada publicación: efectuada esta con fecha 31 de octubre, su entrada en vigor se ha producido el día 20 de noviembre de 2009. Durante ese plazo se produjeron los sucesos centrados en la Sra. Aminetu Haidar, que tardaron en resolverse treinta y dos días, habiéndose barajado como una solución satisfactoria la aplicación de estas instituciones de protección internacional.[11] Esta modificación resulta más llamativa cuando se advierte que la Disposición Final Cuarta fue uno de los escasos preceptos del proyecto sobre los que no se presentó ninguna enmienda en el Congreso de los Diputados.[12]

II

Hasta ahora se ha efectuado un acercamiento general al proyecto de ley elaborado por el Gobierno y a la estructura de la ley resultante. Corresponde iniciar el estudio de la actividad parlamentaria relacionada con él y debe comenzarse, siguiendo el orden del procedimiento legislativo, por el Congreso de los Diputados.

En primer lugar, frente al proyecto sólo uno de los seis grupos parlamentarios existentes, Esquerra Republicana-Izquierda Unida-Iniciativa per

---

el artículo 2º.1 del Código Civil. Lo mismo sucedía con la Ley 9/1994 (BOE núm. 122, de 23 de mayo de 1994), al no indicar nada en ese sentido ninguna de sus tres Disposiciones Finales.

11. Detenida en el aeropuerto de El Aaiún, en el Sahara Occidental, el día 13 de noviembre, cuando regresaba de Nueva York, en un vuelo procedente de Las Palmas de Gran Canaria, tras recoger el "Premio Coraje Civil 2009" de la Fundación Train, fue expulsada por Marruecos de El Aaiún debido a su negativa a poner en la ficha del control policial su nacionalidad como marroquí. Su pasaporte fue requisado y ella fue enviada a Lanzarote, en cuyo aeropuerto dos días después inició una huelga de hambre para que se le permitiera regresar al Sahara Occidental, a la vez que presentaba una denuncia por su "expulsión ilegal" de Marruecos y por "secuestro y malos tratos" en España frente a la Guardia Civil, a la compañía aérea Canarias Aeronáutica y al comandante del vuelo que la llevó a Lanzarote. Precisamente, el mismo día de entrada en vigor de la Ley, el Ministerio de Asuntos Exteriores español propuso a la Sra. Haidar que, en caso de rechazar la propuesta de Marruecos de tramitar un nuevo pasaporte en el consulado marroquí en Canarias, solicitara la concesión del estatuto de refugiada: ella rechazó ambas opciones y la crisis política y diplomática fue continuando, con diversas vicisitudes judiciales y una amplia repercusión en la opinión pública.

12. Cfr. BOCG-CD, IX Legislatura, Serie A, Núm. 13-11, 8 de abril de 2009, p. 10.

Catalunya Verds, presentó una enmienda a la totalidad postulando su devolución al Gobierno.[13] Esto supone tener en cuenta, en un primer análisis, dos cuestiones: primera, sólo el menor grupo parlamentario de la Cámara presenta enmienda de totalidad, lo que indica, por el contrario, que el resto de grupos —la mayoría y el resto de la oposición–, no está en desacuerdo con la oportunidad, los principios o el espíritu del Proyecto; segunda, que no se propone por nadie un texto completo alternativo al presentado por el Gobierno.[14] Una consecuencia de estos datos consiste en presuponer un grado de acuerdo generalizado sobre la necesidad de tramitar esta iniciativa, conclusión que se fortalece si se tienen en cuenta otros dos elementos: que la celebración del debate de totalidad en el Pleno del Congreso no fue seguida de la votación sobre la enmienda de totalidad presentada, toda vez que el grupo proponente la retiró tras el compromiso de incorporar enmiendas y modificar de forma sustancial el texto expresado durante el mencionado debate[15] y que dicha retirada fue inmediatamente continuada con la decisión del Pleno de avocar para sí el debate y votación final del Proyecto de Ley.[16]

Concretamente, durante este debate de totalidad toma la palabra, en nombre del Gobierno, el Ministro del Interior, que efectúa la presentación del proyecto remitido por el Gobierno a las Cortes Generales.[17] En esencia el Ministro apunta a dos razones, una política y otra jurídica, como justificación del proyecto: la implantación del sistema europeo común de asilo y el ejercicio por España de la Presidencia de la Unión Europea en el primer semestre de 2010. Lo primero requiere la adecuación de las normas españolas a lo establecido en la legislación comunitaria que se transpone,

---

13. Cfr. BOCG-CD, IX Legislatura, Serie A, Núm. 13-10, 3 de abril de 2009, p. 1.
14. Cfr. Art. 110.3 del Reglamento del Congreso de los Diputados.
15. Vid. DSCD-Pleno, IX Legislatura, Núm. 69, Sesión plenaria núm. 64, celebrada el día 18 de marzo de 2009, p. 57.
16. A favor de esa decisión se produjeron 327 votos y en contra sólo 1, sin ninguna abstención (ibídem).
17. DSCD-Pleno, IX Legislatura, Núm. 69, Sesión plenaria núm. 64, celebrada el día 18 de marzo de 2009, pp. 47-8. En relación a esto, puede indicarse que también realiza una breve intervención al finalizar el debate sobre el proyecto en el Pleno del Congreso de los Diputados, tras la tramitación en esa cámara, pero no lo hace en el debate definitivo de nuevo en el Congreso (cfr. DSCD-Pleno, IX Legislatura, Núm. 95, Sesión plenaria núm. 90, celebrada el día 25 de junio de 2009, p. 39; DSCD-Pleno, IX Legislatura, Núm. 113, Sesión plenaria núm. 105, celebrada el día 15 de octubre de 2009, pp. 4-10).

mientras lo segundo viene dado porque se pretende impulsar dicho sistema en esa Presidencia y se pretende hacerlo con la citada legislación ya incorporada al ordenamiento interno.[18] Además de destacar algunos aspectos, es relevante su anuncio de que posiblemente el propio grupo parlamentario que apoya al gobierno en la cámara propondrá enmiendas con objeto de mejorar la iniciativa.[19]

Debido a la enmienda a la totalidad, a continuación interviene el grupo proponente de la misma, realizando su defensa representantes de dos de las tres fuerzas políticas que integran el GP Esquerra Republicana-Izquierda Unida-Iniciativa per Catalunya Verds. En la primera de las intervenciones se indican como objetivos de la enmienda conseguir un pronunciamiento del Pleno del Congreso sobre la iniciativa, lo que no ocurriría de seguirse la tramitación prevista a través de la Comisión de Interior, y modificar el proyecto en el Parlamento, centrando el núcleo de la crítica en que durante los trabajos preparatorios realizados por el Gobierno no se había oído a las diversas entidades especializadas en la materia.[20] La segunda intervención pone más de relieve la conexión negativa, a juicio del grupo citado, entre la reforma discutida y la de la legislación de extranjería también en tramitación parlamentaria, indicando que si hay voluntad de modificar el proyecto y negociaciones con las entidades mencionadas se retiraría la enmienda.[21]

---

18. "La necesidad del proyecto de ley es, pues, desde esta perspectiva, incuestionable y se ve reforzada por el hecho de que la Presidencia española de la Unión Europea, el primer semestre del próximo año, va a suponer o debe suponer el impulso de este sistema europeo común de asilo, lo que debería hacerse necesariamente desde la legitimidad que otorga el haber traspuesto en nuestro país las normativas comunitarias correspondientes" (DSCD-Pleno, IX Legislatura, Núm. 69, Sesión plenaria núm. 64, celebrada el día 18 de marzo de 2009, p. 48).

19. "Finalmente quisiera señalar que el Gobierno entiende que el trámite de presentación de enmiendas parciales por los distintos grupos, incluido seguramente el propio Grupo Parlamentario Socialista, dará ocasión para analizar en profundidad el contenido de la ley, contrastar las cuestiones enunciadas en cada enmienda y en todo caso mejorar el texto que el Gobierno ha remitido a esta Cámara" (ibídem).

20. Vid. ibídem, pp. 48-9. En dos ocasiones durante su intervención reprocha el Diputado Herrera Torres (Iniciativa per Catalunya Verds) esa falta de diálogo.

21. Asumiendo que a nivel de la Unión Europea "vamos a políticas de inmigración un tanto restrictivas, es un cierto imperativo histórico, pero que quede claro que respecto a la legislación que atañe al asilo, es decir, al corazón de los derechos humanos de todas aquellas personas que tienen que huir de sus países, porque si no se les elimina

A partir de ese momento, se inicia el turno de fijación de posiciones por los restantes grupos parlamentarios. Por parte del GP Mixto también intervienen en la sesión representantes de dos de las fuerzas políticas que lo integran: entre las aportaciones de la primera Diputada se encuentra la denominada "crisis del derecho de asilo" por los datos de 2008 que se habían aportado en la Exposición de Motivos de la enmienda de totalidad, el paralelismo con la política de inmigración impulsada por el Gobierno trasladando a las políticas de asilo el mismo tono restrictivo y la consideración de las directivas comunitarias como mínimo o como techo de las políticas internas.[22] La segunda Diputada de este grupo que participa en el debate amplía la falta de diálogo durante la elaboración gubernamental de la iniciativa también a las demás formaciones políticas pero, al considerar necesario y urgente la tramitación del proyecto debido al marco comunitario, anuncia su voto contrario a la enmienda por entender igualmente posible mejorar el texto durante su tramitación parlamentaria.[23] El portavoz del GP Vasco (EAJ-PNV) expresa el sentido negativo de su voto y critica la tardía transposición de la normativa comunitaria y que, al amparo de la misma, se efectúe una regulación restrictiva de la materia, así como especialmente que se vulneren gravemente competencias autonómicas y, singularmente, el artículo 166 del Estatuto de Autonomía de Cataluña.[24] El GP Catalán (Convergència i Unió), sin anunciar el sentido de su voto, centra su inter-

---

(…), el Estado español debería hacer de contrapunto a otras legislaciones europeas" (intervención del Diputado Tardà i Coma (Esquerra Republicana) (ibídem, p. 50).

22. La Diputada Barcos Berruezo (Nafarroa Bai) señala que el "techo laboral que, para las políticas de inmigración marcó el Gobierno socialista ya en la pasada legislatura, de alguna manera se empieza a trasladar a las políticas de asilo" y "que en el ámbito de la protección social las directivas europeas (…) deben ser suelo, nunca techo, y en este caso, en el proyecto de ley que hoy se nos presenta las directivas europeas son techo para lo que ha sido la norma, el uso en el ámbito de la concesión de asilo en el conjunto del Estado español" (ibídem, p. 51).

23. "Me parece que tenemos la necesidad y la obligación de empezar a tramitar un proyecto de ley que es necesario en el contexto del espacio de libertad y seguridad europeo, que es oportuno en ese mismo contexto, y que ha de tener como objetivo, al menos el texto que salga aprobado, impulsar el sistema común de asilo y que la aportación de España a ese sistema común de asilo sea una aportación de progreso, de mayores garantías" (ibídem).

24. Víd. Ibídem, p. 52 para la primera crítica y, respecto a la segunda, indica que "estamos hablando de una iniciativa remitida por el Gobierno a la Cámara que entraña importantes vulneraciones de las competencias autonómicas abordar aspectos vincu-

vención en diferenciar los problemas de la política de asilo en España y en otros países de la UE, reclama su papel importante en la elaboración de la normativa que se pretende sustituir –elaborada también por un gobierno socialista– por lo que expresa su voluntad de mejorar el proyecto a través de enmiendas de corte garantista en orden a las solicitudes de protección internacional y, por último, en línea con lo apuntado por el anterior grupo, fortalecer las competencias autonómicas en materia de acogida de personas extranjeras.[25] El GP Popular optará por abstenerse respecto a la enmienda en cuanto considera la necesidad de elaborar la nueva ley debido al desfase de la anterior, tanto por las nuevas circunstancias relativas a la protección internacional, como al nuevo marco comunitario, expresando un juicio positivo sobre la legislación vigente y la nueva en ciernes, aunque también sobre aspectos de la enmienda a la totalidad con base a los que intentarán mejorar el proyecto.[26] Finalmente, el GP Socialista anuncia expresamente, en varias ocasiones, que se aceptarán enmiendas en la línea

---

lados a la protección social de los menores y de los menores no acompañados, y mucho menos le permite regular el régimen de acogida que se contempla en el capítulo tercero" (p. 53).

25. "En otros países europeos el debate sobre el asilo tiene mucho que ver con la conversión de personas inmigradas en el acceso a las fronteras de esos Estados a través del asilo (…) En algunos países la política de inmigración cero convirtió la vía del asilo en la única vía de acceso de ciudadanos extranjeros a esos países (…). Quizá en España el debate es que una aplicación muy restrictiva de esa normativa de 1995 nos lleva a que el número de personas que reconocemos como asilados y refugiados sea pequeño (…) En España el debate no es el asilo como puerta de atrás para la entrada de inmigrantes, sino si nuestra normativa, que es estricta, permite de verdad proteger al conjunto de las personas que en el mundo solicitan el derecho de asilo en España" (ibídem). Respecto al último punto indicado en el texto, concreta que "es voluntad de Convergència i Unió intentar durante la tramitación parlamentaria que precisamente esos programas que hoy gestiona el Imserso de acogida de personas refugiadas puedan ser gestionados por aquellas comunidades autónomas que así lo deseen. En todo caso, el Estatuto Catalán nos da margen competencial para introducir esa variable que en estos años no se ha producido" (ibídem, p. 54).

26. Cfr. ibídem, pp. 53-54, estimando que "es también una actualización de la Ley de 1984, que hay que recordar que es una buena ley, que fue reformada en el año 1994 y que, a juicio de mucha gente, ha sido una ley que ha servido y ha dado protección adecuada"; la iniciativa "es razonablemente positiva y va a ser buena para el conjunto del ordenamiento español"; "la orientación que van a tener las enmiendas del Grupo Popular es que se garanticen los estándares de protección de la Ley de 1988, que aumentemos y mejoremos los criterios para el procedimiento" (ibídem).

de mejorar el proyecto, incluso dicho grupo propondrá en varios aspectos, y tras oír a las entidades especializadas en la materia.[27]

Las comparecencias relacionadas con esta iniciativa legislativa y que formaban parte del compromiso adquirido con ocasión del debate de totalidad, como acaba de comprobarse, se celebraron dos días después del mismo. Aunque el contenido de las mismas y su impacto en el proyecto se tratarán en otro momento, sí es pertinente indicar que comparecieron representantes de siete entidades especializadas en la materia y excusó la asistencia el responsable de la política de inmigración de un gobierno autonómico.[28] A las citadas comparecencias no acudió la portavoz del grupo parlamentario que había presentado más enmiendas, así como constan sólo tres intervenciones del portavoz del grupo parlamentario que había presentado la enmienda a la totalidad, aunque no de la formación política que más se significó en la oposición al proyecto durante toda la tramitación parlamentaria, así como tampoco hay indicios de la asistencia de otro grupo.[29] Sí intervienen en todos los casos la Portavoz del GP Mixto y los representantes de los dos grupos mayoritarios de la cámara.

En cuanto a las enmiendas al articulado, se presentan 357 tras haberse ampliado hasta en siete ocasiones el plazo para presentarlas. De estas, 111 −lo que supone casi un tercio de las presentadas− corresponden el mismo

---

27. "Por tanto, el Grupo Parlamentario Socialista se toma esta enmienda a la totalidad como lo que es, el anuncio de enmiendas parciales que ya le decimos señor Herrera que van a ser tenidas muy en cuenta después de oír a las organizaciones no gubernamentales especializadas"; "esa adaptación -y es un compromiso explícito que se hace desde esta tribuna, señor Herrera- se hará siempre sobre la base de no reducir un ápice la eficacia en la protección de los derechos y de las garantías" (ibídem, p. 55).

28. Cfr. DSCD-Comisiones (Comisión de Interior), IX Legislatura, Núm. 226, Sesión núm. 15, celebrada el día 20 de marzo de 2009. Fueron los siguientes: la Representante del Alto Comisionado de Naciones Unidas para los Refugiados (Acnur) en España, el Coordinador de Incidencias de CEAR, el Subdirector de ACCEM, la Representante del Equipo de Refugiados del Secretariado Estatal de Amnistía Internacional, la Presidenta de Médicos del Mundo Madrid, el Representante de la Fundación Asociación Catalana de Solidaridad y Ayuda a los Refugiados (Acsar), el Vicepresidente de la Federación Estatal de Asociaciones de Refugiados e Inmigrantes. Excusó su asistencia el Secretario de Inmigración de la Generalitat de Cataluña (ibídem, p. 1).

29. La portavoz del GP Catalán (CIU) excusó su asistencia por enfermedad y no fue sustituida por otro miembro de su grupo (ibídem, p. 1). No consta la asistencia a la sesión del portavoz del GP Vasco (EAJ-PNV).

grupo que presentó la enmienda a la totalidad.[30] Sin embargo, no es el grupo que suscribe más enmiendas, ya que el Grupo Parlamentario –en adelante GP– Catalán (Convergència i Unió) presentó, a través de su portavoz, 113 enmiendas, lo que significa también casi otro tercio de las enmiendas al articulado.[31] Otras 59 enmiendas provienen del Grupo Mixto, suscritas por parlamentarias de tres de las cinco formaciones que integran dicho grupo, con lo cual destaca el hecho de que casi la mitad de las modificaciones propuestas proceden de dos de los grupos menos numerosos de la cámara.[32] Finalmente, el GP Vasco (EAJ-PNV) presentó 26 enmiendas y el GP Popular en el Congreso 47.[33] Dentro de este acercamiento al tema, aún debe mencionarse que el grupo parlamentario mayoritario, el GP Socialista, sólo presentó una enmienda dirigida a completar una deficiencia del Proyecto: en éste se preveía la posibilidad de interponer recurso frente a las resoluciones de inadmisión a trámite de las solicitudes de protección internacional presentadas en puestos fronterizos, pero no se contemplaba expresamente esa posibilidad para las que las denegasen.[34]

Interesa, en tercer lugar, analizar las enmiendas desde otra perspectiva. Del conjunto de los artículos del proyecto –44– sólo sobre tres de ellos no se presentó ninguna enmienda: se trataba de los artículos 31, 35 y 43; de las siete Disposiciones Adicionales, también sobre tres no se propugnó ninguna modificación –la cuarta, quinta y séptima–, al igual que sobre la Disposición Derogatoria única y tres de las cuatro Finales: concretamente, sólo se presentó enmienda sobre la tercera.[35] Respecto a estos preceptos

---

30. En concreto, las enmiendas presentadas por el Grupo Parlamentario, en adelante, GP, Esquerra Republicana-Izquierda Unida-Iniciativa per Catalunya Verds constituyen el 31'09 % de las enmiendas al articulado presentadas.
31. Esta cifra supone el 31'65 % de las enmiendas al articulado presentadas.
32. Al 47'61 % de las enmiendas ascienden las presentadas por el GP Esquerra Republicana-Izquierda Unida-Iniciativa per Catalunya Verds y el Grupo Mixto: dentro de éste último debe indicarse que 35 -9'8 % del total- son firmadas por la Diputada de Unión Progreso y Democracia, 15 - 4'2 %- por la Diputada de Nafarroa Bai y, finalmente, 9 - 2'52 %- por la Diputada del Bloque Nacionalista Galego (esta formación política está representada en el Congreso de los Diputados por dos miembros).
33. Los porcentajes son, respectivamente, el 7'28 % del total para las del GP Vasco (EAJ-PNV) y 13'16 % para las del GP Popular en el Congreso.
34. Cfr. Motivación a la Enmienda Núm. 357 en BOCG-CD, IX Legislatura, Serie A, Núm. 13-10, 3 de abril de 2009, p. 122.
35. Cfr. BOCG-CD, IX Legislatura, Serie A, Núm. 13-11, 8 de abril de 2009, pp. 7-10

interesa destacar que el citado artículo 31 regulaba la intervención del Alto Comisionado de las Naciones Unidas para los Refugiados (en adelante, ACNUR) en el procedimiento de solicitud de la protección internacional; el artículo 35 se refería al mantenimiento de la unidad familiar de las personas beneficiarias de protección internacional y, por último, el artículo 43 establecía la asistencia sanitaria y psicológica así como la cualificada que precisen los menores solicitantes de protección internacional, cuando se encontrase en situación de vulnerabilidad.[36] Las Disposiciones Adicionales indicadas eran las referidas a la cooperación con otras Administraciones Públicas y en el marco de la Unión Europea, así como a la normativa supletoria en materia de procedimiento.[37] Las Disposiciones Finales sobre las que no se presentó enmienda alguna en esta cámara fueron las relativas al título competencial en virtud del que se dictaría la ley, al Derecho de la Unión Europea que se incorporaría mediante la misma al Derecho español y, como se dijo anteriormente, la relativa a la entrada en vigor de la norma al día siguiente al de su publicación en el Boletín Oficial del Estado.[38]

También se pueden analizar cuáles fueron las enmiendas que propugnaban adicionar preceptos al Proyecto, sobre todo, si se tiene en cuenta que efectivamente la Ley presenta mayor número de los mismos que el Proyecto. Se planteó incluir nueve preceptos más y un nuevo Título con sus correspondientes artículos. Entre las adiciones planteadas destacan las relativas a los apátridas, bien en el Título Preliminar con la pretensión de regular mejor su estatuto,[39] bien en el Título V incluyendo el derecho a ser reconocido como tal[40] o, incluso, incorporando un nuevo Título que regulase en detalle todos los aspectos relativos a la apatridia;[41] la enmienda destinada a incorporar un nuevo artículo, también en el Título Preliminar, que

---

36. Cfr. BOCG-CD-, IX Legislatura, Serie A, Núm. 13-1, 19 de diciembre de 2008, pp. 12, 13 y 16.
37. Ibídem, p. 16.
38. Ibídem, p. 17.
39. A ello se dirigían las Enmiendas núm. 107 del GP de Esquerra Republicana-Izquierda Unida-Iniciativa per Catalunya Verds y 167 del GP Vasco (EAJ-PNV) (cfr. BOCG-CD, IX Legislatura, Serie A, Núm. 13-10, 3 de abril de 2009, pp. 38 y 61, respectivamente.)
40. Enmienda núm. 100 de la Sra. Barkos Berruezo (Grupo Mixto) (cfr. ibídem, p. 35).
41. Enmienda núm. 155 del GP de Esquerra Republicana-Izquierda Unida-Iniciativa per Catalunya Verds, que pretendía la adición de un Título denominado "De la Apatridia", formado por 19 artículos y una Disposición Adicional (cfr. ibídem, pp. 55-8).

contemplaría la protección temporal en casos de afluencia masiva;[42] la incorporación, entre las llamadas disposiciones comunes del Título I, de un precepto dirigido a recoger el principio de no devolución en las operaciones en aguas internacionales y de países en tránsito;[43] la introducción en el Título II de un artículo sobre garantías para los solicitantes de asilo;[44] y, por último, en el Título V añadir otro sobre las garantías de los menores no acompañados.[45] En cuanto a las Disposiciones que se planteó añadir se encuentran las Adicionales referentes al informe anual que el Gobierno debía presentar a las Cortes sobre la aplicación de la Ley, y a considerar causa para la petición de asilo la persecución por razones de género, así como la Final relativa a la incidencia de esta Ley sobre las Comunidades Autónomas con competencias exclusivas en materia de inmigración, servicios sociales y menores.[46]

El siguiente paso del procedimiento legislativo fueron las reuniones de la Ponencia, designada en el seno de la Comisión de Interior, y encargada de emitir el Informe sobre el Proyecto de Ley. Esas reuniones fueron seis y se celebraron entre abril y junio de 2009 y el Informe fue elevado a la mencionada Comisión con fecha 15 de junio.[47] En ese trámite se produjeron numerosas modificaciones sobre el Proyecto: se incorporaron al Informe por mayoría 42 enmiendas transaccionales que estaban basadas en 172 de las enmiendas presentadas; el número de enmiendas que se aceptaron en sus términos y otras que quedaron subsumidas en el texto que se propone como Informe fue de 161, lo que conllevó la retirada por sus proponentes de 166 de las enmiendas al articulado presentadas. Realmente, esto supone un aceptable grado de acuerdo, si se tiene en cuenta que fueron presentadas 357 enmiendas de este tipo, pues permanecían vivas para discusión en la Comisión 191 enmiendas.[48] Entre los puntos que pueden

---

42. Enmiendas núm. 108 del GP de Esquerra Republicana-Izquierda Unida-Iniciativa per Catalunya Verds y 246 GP Catalán (CiU) (cfr. ibídem, pp. 38-9 y 84, respectivamente).
43. Enmienda núm. 172 del GP Vasco (EAJ-PNV) (cfr. ibídem, p. 63).
44. Enmienda núm. 280 del GP Catalán (CiU) (cfr. ibídem, pp. 95-6).
45. Enmienda núm. 346 del GP Catalán (CiU) (cfr. ibídem, pp. 117-8).
46. Las dos Disposiciones Adicionales corresponden a las Enmiendas Núm. 350 y 351 del GP Catalán (CiU) (cfr. ibídem, pp. 119 y 120). La nueva Disposición Final fue presentada a través de la Enmienda núm. 51 del GP de Esquerra Republicana-Izquierda Unida-Iniciativa per Catalunya Verds (cfr. ibídem, pp. 18-9).
47. Cfr. BOCG-CD, IX Legislatura, Serie A, Núm. 13-12, 23 de junio de 2009, p. 1.

destacarse es que ya se propone añadir 4 preceptos nuevos al Proyecto: los relativos a las causas de denegación del derecho de asilo y de la protección subsidiaria, el relativo a la permanencia del solicitante de asilo durante la tramitación de la solicitud –que se ha convertido, al final del iter parlamentario, en el artículo 22 de la Ley 12/2009 antes mencionado– y, finalmente, la Disposición atinente al informe anual del Gobierno a las Cortes Generales sobre la aplicación de la ley.[49] Igualmente ha de ponderarse que se propuso la completa modificación de otros dos preceptos: los correspondientes a la tramitación de urgencia de las solicitudes de protección internacional y a la reducción o retirada de las condiciones de acogida.[50]

Tras el Informe de la Ponencia correspondía efectuar el debate y votación en la Comisión de Interior del Congreso de los Diputados. El pertinente Dictamen aprobado en ella, además de incorporar los aspectos que se acaban de mencionar, introduce otros cinco, que son especialmente significativos y se indican a continuación.[51] Una primera modificación establece dar también el plazo de diez días al ACNUR para que, en su caso, informe sobre la propuesta de resolución desfavorable de la Oficina de Asilo y Refugio al Ministro del Interior para la resolución definitiva de la solicitud de protección internacional, presentada en territorio español, cuya admisión a trámite y permanencia provisional en dicho territorio se hubiera producido por el transcurso del plazo de un mes desde la presentación de la solicitud sin que la persona interesada fuera notificada de la

---

48. Estos datos proceden del análisis del Informe realizado por la Ponencia (cfr. ibídem, pp. 1-4).

49. Son los artículos 8 bis - añadido en la segunda reunión de la Ponencia, de 29 de abril de 2009, a través de una enmienda transaccional basada en las enmiendas 7, 115, 152, 59, 233, 256 y 339-; 10 bis - añadido en la misma reunión a través de una enmienda transaccional basada en las enmiendas 10, 196, 262, 263-; 19 bis -añadido en la quinta reunión, celebrada el 28 de mayo, a través de una enmienda transaccional basada en las enmiendas 74, 75, 79, 207, 208, 215, 216, 297, 298, 318, 319 y 357; y Disposición Adicional octava -añadida en la tercera reunión, celebrada el día 6 de mayo, a través de una enmienda transaccional basada en la enmienda 350- (cfr. ibídem, pp. 1-2, 9, 13 y 20).

50. Se trató de los artículos 22 - en la segunda reunión de la Ponencia de 29 de abril de 2009, por enmienda transaccional basada en las enmiendas 33, 39, 137, 76, 77, 210, 211, 212, 213, 239, 306, 307, 308, 309 y 310-; y 30 -basada en enmiendas 38, 99, 220, 221, 222 y 223- (cfr. ibídem, pp. 1, 13, 15).

51. Cfr. BOCG-CD, IX Legislatura, Serie A, Núm. 13-13, 25 de junio de 2009, pp. 6, 7, 10, 11, 12-3, 18.

inadmisión a trámite, cuando ésta estuviese causada por falta de competencia para el examen de las solicitudes o por falta de requisitos.[52]

No tan positiva parece la segunda, referida a un efecto de la concesión del derecho de asilo o de protección subsidiaria: además del reconocimiento de derechos establecidos en diversos instrumentos normativos, en todo caso incluiría –como primer efecto– la protección contra la devolución y, en este momento, se introduce que esta se hará "en los términos establecidos en los tratados internacionales firmados por España".[53] Es llamativo por cuanto esta matización no se encontraba ni en el texto del proyecto remitido por el Gobierno, ni en el Informe aprobado por la Ponencia.[54]

Muy interesante, por el contrario, es la tercera modificación, que incluye un nuevo Capítulo, constituido por un único y nuevo precepto, al final del Título II del Proyecto. Se trata de regular –aunque quizás podría haberse cuidado más la técnica normativa– la posibilidad de presentar las solicitudes de protección internacional en embajadas y consulados españoles, para atender, así, a los casos que se presenten fuera del territorio nacional.[55]

La cuarta modificación aporta una perspectiva más respetuosa, que el proyecto del Gobierno y el Informe de la Ponencia en el campo de la cooperación entre las diferentes Administraciones Públicas, con la distribución de competencias propia del Estado autonómico, y en línea –igualmente– con los Estatutos de Autonomía reformados desde el año 2006 y la complejidad competencial.[56] Ciertamente el Proyecto gubernamental abordaba el

52. Se introduce esta modificación en el artículo 32.3 y está conectada con el artículo 18 del Proyecto (cfr. ibídem, pp. 9-10 y 13).
53. Ibídem, p. 13.
54. Vid., respectivamente, BOCG-CD, IX Legislatura, Serie A, Núm. 13-1, 19 de diciembre de 2008, p. 12 y Núm. 13-12, 23 de junio de 2009, p. 16.
55. Denominados los nuevos Capítulo VI y artículo 34 bis del mismo modo, "Solicitudes de protección internacional en Embajadas y Consulados", el texto del precepto señala que "Con el fin de atender casos que se presenten fuera del territorio nacional, siempre y cuando el solicitante no sea nacional del país en que se encuentre la Representación diplomática y corra peligro su integridad física, los Embajadores de España podrán promover el traslado del o de los solicitantes de asilo a España para hacer posible la presentación de la solicitud conforme al procedimiento previsto en esta Ley" (BOCG-CD, IX Legislatura, Serie A, Núm. 13-13, 25 de junio de 2009, p. 14).
56. Lo que ahora aparece como Disposición Adicional cuarta presenta la siguiente redacción: "Las Comunidades Autónomas, de acuerdo con sus respectivas competencias en los ámbitos sanitario, educativo y social gestionarán los servicios y programas

tema de un modo más general y permitía la incorporación también de las Administraciones propias del nivel local, pero el Informe de la Ponencia optó por introducir una expresión –"necesaria coordinación" reconocida a favor de la Administración General del Estado– y la determinación de ámbitos materiales concretos –sanitario, educativo, social y de acceso al empleo–, que iban a propiciar el cambio de perspectiva.[57] Además, simplifica y clarifica el texto respecto al Informe propuesto por la Ponencia, especialmente al dividirlo en dos párrafos, lo que permite volver a centrar la atención en las personas solicitantes de protección internacional.

Por último, frente a la indeterminación temporal –que tanto el Proyecto como el Informe de la Ponencia– dejaban al Gobierno para dictar las disposiciones reglamentarias exigidas por el desarrollo de la Ley, ahora se introduce el plazo de seis meses para hacerlo.[58] Esto es coherente con la apreciación compartida por todos los grupos parlamentarios sobre la necesidad de elaborar esta norma, ya mencionada anteriormente con base en aspectos más formales del procedimiento legislativo.

---

específicamente destinados a las personas solicitantes de asilo, en coordinación y cooperación con la Administración General del Estado. Asimismo, facultarán el acceso a la información respecto de los recursos sociales específicos para este colectivo, así como sobre las diferentes organizaciones de atención especializada a personas solicitantes de asilo" (BOCG-CD, IX Legislatura, Serie A, Núm. 13-13, 25 de junio de 2009, p. 18).

57. Según el Proyecto, "La Administración General del Estado promoverá la realización de fórmulas voluntarias de actuación conjunta con las demás Administraciones Públicas, para articular, en el marco de sus respectivas competencias, las actuaciones que puedan derivarse de la aplicación de esta Ley" (BOCG-CD-, IX Legislatura, Serie A, Núm. 13-1, 19 de diciembre de 2008, p. 16). Lo propuesto por el Informe de la Ponencia decía "La Administración General del Estado promoverá la realización de fórmulas voluntarias de actuación conjunta y la necesaria coordinación con las demás Administraciones Públicas con competencias en los ámbitos sanitario, educativo, social y de acceso al empleo, para articular, en el marco de sus respectivas competencias, las actuaciones que puedan derivarse de la aplicación de esta Ley y para facilitar que a las personas solicitantes de asilo se les proporcione el acceso a los diferentes recursos públicos. Asimismo, facultará el acceso a la información respecto de los recursos sociales específicos para este colectivo, así como sobre las diferentes organizaciones de atención especializada a personas solicitantes de asilo" (BOCG-CD-, IX Legislatura, Serie A, Núm. 13-12, 23 de junio de 2009, p. 20).

58. Vid. BOCG-CD, IX Legislatura, Serie A, Núm. 13-13, 25 de junio de 2009, p. 19; para el Proyecto, Núm. 13-1, 19 de diciembre de 2008, p. 17, y para el Informe de la Ponencia, Núm. 13-12, 23 de junio de 2009, p. 21.

Consecuencias importantes del debate y votación en la Comisión de Interior se advierten, también, a través de los escritos de mantenimiento de enmiendas de los diferentes grupos parlamentarios para su debate y votación en la posterior sesión del Pleno del Congreso de los Diputados, porque no han sido incorporadas al Dictamen de la Comisión. Esto puede apreciarse desde varias dimensiones. De un lado, ninguno de los dos grupos mayoritarios mantiene enmienda alguna para ese posterior debate, lo que avanza un grado de acuerdo sobre la iniciativa legislativa, producido en Comisión y que se pretende trasladar al Pleno.[59] De otro lado, de dicho acuerdo participan, aunque en diverso nivel, los demás grupos: el grupo que presentó más enmiendas mantiene las no aceptadas ni transaccionadas, bien en la Ponencia, bien en la Comisión; otros mantienen sólo algunas de sus enmiendas no incorporadas al Dictamen –que suman 33–, mientras otros mantienen todas las no incorporadas.[60]

Se trata de analizar ahora cómo se produjo el debate y votación en el Pleno del Congreso de los Diputados, con objeto de confirmar o no lo que se acaba de mencionar y que puede considerarse un rasgo de la tramitación parlamentaria de esta iniciativa. Un primer elemento a destacar de este trámite parlamentario, es que de los grupos parlamentarios que mantuvieron enmiendas para debate y votación del Pleno, en tres casos las enmiendas se dan por defendidas, renunciando –por tanto– a argumentar para intentar convencer a la cámara de la conveniencia de su aprobación.[61] También

---

59. Hay que recordar que el GP Socialista sólo presentó una enmienda al articulado y fue incorporada ya al Informe de la Ponencia.

60. La primera opción es por la que opta el GP Catalán (CiU); la segunda es la seguida por dos integrantes del GP Mixto -la Diputada de Unión Progreso y Democracia y la Diputada del Bloque Nacionalista Galego (esta formación política tiene dos miembros en ese grupo)- y por el GP Vasco (EAJ-PNV); mientras la tercera es la tomada por el GP Esquerra Republicana-Izquierda Unida-Iniciativa per Catalunya Verds y la Diputada de Nafarroa Bai integrada en el GP Mixto. Se obtienen estos datos del BOCG-CD, IX Legislatura, Serie A, Núm. 13-13, 25 de junio de 2009, pp. 19-20.

61. Fueron los siguientes: dentro del GP Mixto las correspondientes a la Diputada de Nafarroa Bai y a las del Bloque Nacionalista Galego (ningún representante de esta formación llegó a tomar la palabra, siendo la Portavoz del grupo quien las dio por defendidas) y, por otro lado, también las dio por defendidas la representante del GP Catalán (CiU) (cfr. DSCD-Pleno, IX Legislatura, Núm. 95, Sesión plenaria núm. 90, celebrada el día 25 de junio de 2009, pp. 32 y 36). Ciertamente la Diputada de Nafarroa Bai tomó brevemente la palabra para indicar globalmente que el texto presentado a votación adolecía de "desoimientos" a algunos textos internacionales que, a

es pertinente señalar que cuatro grupos —entre los que se encuentran los tres mayores de la cámara— anuncian su voto favorable al Dictamen de la Comisión, con lo cual ya se asegura un amplio respaldo por parte de la cámara respecto de la iniciativa: no debe olvidarse, en ese sentido, que esos grupos suman 338 de los 350 miembros del Congreso.[62] Sólo un grupo se posiciona en contra del proyecto, el grupo que había planteado la enmienda de totalidad, aunque reconoce que el texto ha sido mejorado en la tramitación parlamentaria, articulando su posición en el carácter restrictivo de la iniciativa y destacando dos déficits de la misma: la negación de asilo a los ciudadanos comunitarios y la regulación de las solicitudes de asilo en las representaciones diplomáticas.[63] Resulta llamativo, sin embargo, que la respuesta a la consideración crítica sobre la aplicación de la legislación vigente la efectúe un grupo parlamentario que no es el que sostiene al Gobierno.[64] Dos grupos anuncian su intención de promover

---

su juicio, quedarían reconducidos con la aprobación de sus enmiendas, aunque rechazó criticar el texto, como se comprueba al rechazar el uso de la palabra "incumplimientos" y en la alusión que hizo a que el grupo mayoritario ofreció enmiendas transaccionales: el mantenimiento de las enmiendas obedecía a que estas últimas tendían a incorporar las enmiendas de esa Diputada en la forma, pero no el espíritu de lo propuesto (cfr. ibídem, p. 32).

62. Se trata de los GP Socialista, Popular y Catalán (CiU), al que se añade el GP Vasco (EAJ-PNV), pues aunque "hay déficits en este proyecto de ley que no van a impedir un voto positivo al proyecto por parte de nuestro grupo, pero sí el mantenimiento de algunas enmiendas e incluso el apoyo a las presentadas por otros grupos parlamentarios" (p. 35).

63. Para la mejora, ibídem, p. 33. Retoma la crítica basada en los datos de aplicación en el año anterior "Mientras Italia el pasado año concedió la mitad de las peticiones de asilo, España no llegó al 5 por ciento. De las 220.000 solicitudes de la Unión Europea, España sólo recibió 4.500, y de estas solo aceptaron 151. Y encima se pretende aprobar hoy una ley todavía más restrictiva" (ibídem). Sobre la negación del reconocimiento del derecho de asilo a personas naturales de países comunitarios se considera una imprudencia (ibídem) y respecto a la solicitudes en embajadas critica, en realidad, que "ahora será el cuerpo diplomático quien decida sobre la conveniencia o no de proceder a trasladar a la persona solicitante" (ibídem).

64. Se hace por el GP Catalán (CiU "Hemos de tener en cuenta que el debate sobre el asilo no tiene las mismas connotaciones en todos los países europeos. En otros países -y me refiero especialmente a los nórdicos con una política de inmigración cero- la vía del asilo se ha convertido en la única vía de acceso de ciudadanos extranjeros a estos países. Este no ha sido el caso de España. En España el debate sobre el asilo no es su conceptuación como la puerta trasera para la entrada de inmigrantes, sino que el

enmiendas en el Senado con la finalidad de mejorar aspectos del proyecto, bien por considerar que pueden inducir a confusión, bien por sugerencia de las entidades especializadas.[65] Es patente el reconocimiento de que el proyecto ha sido mejorado en la tramitación efectuada y las alusiones a las aportaciones realizadas por las entidades especializadas en la materia y que fueron oídas en la Comisión de Interior, habiéndose incorporado parte de ellas.[66] Es preciso prestar atención a dos cuestiones más, como son la persistencia de la divergencia entre la consideración de las directivas comunitarias como un mínimo mejorable o como un máximo infranqueable[67] y que la razón última de la legislación radica en el sistema europeo común de asilo como objetivo temporal inminente.[68]

---

asilo debe servir para proteger a aquellas personas que viviendo en su país una situación de vulnerabilidad o de persecución política con riesgo para su vida puedan ser acogidos en España" (ibídem, pp. 35-6).

65. El GP Catalán (CiU) señala "una cierta preocupación, no tanto en los conceptos, en los que creo que todos estamos de acuerdo, cuanto en la redacción dada porque puede inducir a confusiones en parte de los artículos 7, 8, 8 bis, 10, 10 bis, 19, 22, 33, 36 y 37 por lo que ya anuncio enmiendas a los mismos en el trámite del Senado" (ibídem, p. 36). El GP Popular indica, por su parte, sobre la mejoría del texto que "seguramente podremos seguir haciendo lo mismo en el Senado, porque puede haber matices que se nos hayan escapado, y algo nos ha sido sugerido últimamente por Acnur o por algunas organizaciones no gubernamentales" (p. 37).

66. Esos reconocimientos lo hacen la representante de UPyD, los grupos Catalán (CiU), Popular, Socialista y el propio Ministro del Interior (ibídem, pp. 32, 36, 37, 38 y 39).

67. La consideración relativa a las directivas es planteada por la representante de UPyD a través del mantenimiento de la enmienda para garantizar que se pueda seguir presentando la solicitud de asilo ante una representación diplomática española por parte de una persona procedente de un tercer Estado: "esto existe en el actual momento en la legislación española, pero que haya una directiva europea que no recoja esta circunstancia o que ninguno de los Estados miembros, salvo España, tenga esta garantía, no significa en modo alguno que debamos renunciar a ella (...) Es la renuncia a un derecho que nosotros como españoles, como país veníamos reconociendo" (ibídem, p. 32) y lo presenta formalmente el GP Vasco (EAJ-PNV): "estas directivas tienen la condición de derecho mínimo mejorable, que no es susceptible de reducir el derecho estatal cuando establece mejores condiciones, en virtud de la dialéctica entre la norma mínima y la norma más favorable, que lo que dimana de la trasposición en sus términos de las propias directivas" (p. 34).

68. Indicado por el GP Catalán (CiU), "la última ratio de la normativa que estamos viendo radica en la necesidad, perentoria incluso diría yo porque vamos con mucho retraso, de trasponer como Estado miembro de la Unión Europea las directivas adoptadas

Es útil detenerse sobre la votación efectuada en el Congreso de los Diputados. En ella no se aprueba ninguna de las enmiendas mantenidas hasta este momento, siendo rechazadas todas por una amplia mayoría de la cámara y suscitando un número más alto de votos en contra la que propugnaba, en la definición del derecho de asilo del artículo 2, sustituir la referencia a "nacionales no comunitarios" por "nacionales de otros países".[69] Las enmiendas rechazadas que, no obstante, alcanzaron un mayor número de votos favorables fueron las de los grupos que habían mantenido enmiendas pero, a la vez, anunciado el voto favorable a la iniciativa.[70] La votación del Dictamen de la Comisión de Interior se realizó separadamente: primero, de modo conjunto los artículos 8 (causas de exclusión de la condición de refugiados); 8 bis (causas de denegación de asilo); 10 (causas de exclusión de la condición de beneficiarios de protección subsidiaria); 10 bis (causas de denegación de la protección subsidiaria; 19 (solicitudes en frontera); 22 (tramitación de urgencia); 36 (extensión familiar del derecho de asilo o de la protección subsidiaria) y 37 (reagrupación familiar) y, después, del resto del texto. Fue esta última donde se obtuvo el mayor respaldo de la cámara, llegándose al 96'57 % de los 350 Diputados que integran el Congreso.[71] La diferencia entre las dos no fue de votos en contra (6 y 7), sino de abstenciones (2 y 19).

---

en esta materia y que constituyen los primeros pilares de un sistema europeo común de asilo" (ibídem, p. 35), es corroborado en la breve intervención del Ministro del Interior: "sale del Congreso un texto que nos incardina mejor en ese sistema europeo común de asilo que tenemos como objetivo prioritario en los próximos meses" (p. 39).

69. Oscila esta mayoría desde los 317 votos en contra que reciben las enmiendas del GP Vasco (EAJ-PNV) a los 321 que recibe la enmienda núm. 3 del GP de Esquerra Republicana-Izquierda Unida-Iniciativa per Catalunya Verds, que es la mencionada en el texto (cfr. ibídem, pp. 54-5). Debe anotarse, no obstante, que la justificación que dicho grupo había realizado de la enmienda no mencionaba lo señalado en el texto, sino "debe eliminarse la diferenciación entre el derecho de de asilo y la condición de refugiado" (BOCG-CD, IX Legislatura, Serie A, Núm. 13-10, 3 de abril de 2009, p. 2).

70. Las enmiendas del GP Vasco (EAJ-PNV), votadas conjuntamente, obtuvieron 26 votos a favor, 317 en contra y una abstención (cfr. DSCD-Pleno, IX Legislatura, Núm. 95, Sesión plenaria núm. 90, celebrada el día 25 de junio de 2009, p. 55). En la votación de las del GP Catalán (CiU) participaron 2 Diputados más y obtuvieron 26 votos a favor, 318 en contra y 2 abstenciones (ibídem).

71. Esta parte del Dictamen recibió 338 votos a favor, 6 en contra y 2 abstenciones, mientras la otra parte recibió 320 votos a favor, 7 en contra y 19 abstenciones (ibídem).

En definitiva, el Pleno aprueba sin modificaciones el texto del Dictamen de la Comisión de Interior. Cuando se efectúa la publicación en el BOCG-CD los preceptos ya se numeran correlativamente, esto es, los introducidos como artículos bis ya reciben el número correspondiente, con lo que el texto de la iniciativa está ahora compuesto por 48 artículos, además de 8 Disposiciones Adicionales, 2 Transitorias, una Derogatoria y cuatro Finales.[72] Siendo esto conveniente en orden a otorgar mayor facilidad para el debate en el Senado, no parece lo mismo el cambio de la Exposición de Motivos por Preámbulo.[73]

III

La tramitación en el Senado se ha realizado en menos de tres meses, lo que debe ser matizado para no entender que se ha superado el plazo previsto constitucionalmente: se ha de reparar que ha comprendido una amplia parte del período de vacaciones parlamentarias más extenso del año parlamentario.[74] Encomendada su tramitación a la Comisión de Interior, no se presentó ninguna propuesta de veto por Senador o grupo parlamentario alguno, pero sí se presentaron 96 enmiendas, bastantes menos –por tanto– de las propuestas en el Congreso de los Diputados, distribuidas –además– entre un Senador del Grupo Mixto y cuatro de los otros cinco grupos parlamentarios existentes en la Cámara Alta.[75]

---

72. BOCG-CD, IX Legislatura, Serie A, Núm. 13-14, 10 de julio de 2009, pp. 1-18.
73. Ibídem, p. 1.
74. De dos meses como disponen los artículos 90.2 de la Constitución y 106 del Reglamento del Senado. El período al que se hace referencia en el texto se deduce del artículo 73.1 de la Constitución. Iniciada la tramitación en esta cámara el día 13 de julio de 2009 ((vid. Boletín Oficial de las Cortes Generales-Senado -en adelante, BOCG-S-, IX Legislatura, Serie II, Núm. 21 (a), 13 de julio de 2009, p. 1), su tramitación correspondió a la Comisión de Interior y el plazo de presentación de enmiendas acabó el día 11 de septiembre, no prorrogándose como ocurrió en el Congreso de los Diputados, y se aprobó la iniciativa el día 7 de octubre (Diario de Sesiones del Senado -en adelante, DSS-, IX Legislatura, Núm. 54, Sesión del Pleno celebrada el día 7 de octubre de 2009, pp. 2506 y 2565).
75. El Senador independiente Tuñón San Martín, integrado en el Grupo Parlamentario Mixto -en adelante Tuñón-INDEP-GPMX-, formuló 12 enmiendas (BOCG-S-, IX Legislatura, Serie II, Núm. 21 (c), 22 de septiembre de 2009, pp. 23-7); el Grupo Parlamentario de Senadores Nacionalistas (GPSN) 26 (ibídem, pp. 27-35, citándose este grupo en adelante como GPSN); el Grupo Parlamentario Popular en el Senado

Interesa destacar que el grupo que presenta más enmiendas es el Grupo Parlamentario Entesa Catalana de Progrés (GPECP), que formula 37 enmiendas, seguido por el Grupo Parlamentario de Senadores Nacionalistas (GPSN) con 26: son significativos dos aspectos al hilo de estos datos. De un lado, debe tenerse en cuenta la composición del primero de estos grupos, que proviene de una coalición electoral para las elecciones al Senado por la que se presentan candidatos de diversas fuerzas políticas, mientras a las elecciones del Congreso de los Diputados concurren por separado y se integran en varios grupos: el grupo mayoritario, esto es, el GP Socialista, y el GP Esquerra Republicana-Izquierda Unida-Iniciativa per Catalunya Verds. Esta indicación posee importancia para comprender la tramitación de esta iniciativa porque este último grupo fue el que planteó la única enmienda a la totalidad presentada en el Congreso, así como en la votación final fue el que más explícitamente se opuso al texto finalmente aprobado. De otro lado, a diferencia de lo ocurrido en el Congreso de los Diputados, ahora el segundo bloque de enmiendas más numeroso procede del GPSN, compuesto por los Senadores del PNV –son 3 Senadores– y del BNG –1–, que en el Congreso se encuadran en dos grupos distintos GP Vasco (EAJ-PNV) y GP Mixto.[76] Finalmente, el Grupo Parlamentario Socialista (GPS) no presenta ninguna enmienda en el Senado, lo que resulta coherente con la posición que mantuvo en el Congreso y con el carácter gubernamental de la iniciativa que se delibera.

De la observación del contenido de las enmiendas presentadas, también es oportuno resaltar que se propone añadir dos artículos nuevos y un Título nuevo, situado éste como VI. Los artículos recogen temas ya planteados en el Congreso de los Diputados y provienen del GPSN: se refieren a la mejor identificación del concepto de apátrida y a la garantía del principio de no devolución en las operaciones en aguas internacionales y de países en tránsito. El Título que se propone añadir es el denominado "De la Apatridia",

---

(GPP) 9 (ibídem, pp. 35-8, citándose este grupo en adelante como GPP); el Grupo Parlamentario Entesa Catalana de Progrés (GPECP) 37 (ibídem, pp. 38-52, citándose este grupo en adelante como GPECP) y el Grupo Parlamentario Catalán en el Senado de Convergència i Unió (GPCIU) 12 (ibídem, pp. 52-5, citándose este grupo en adelante como GPCIU). El Índice de las enmiendas puede verse en la publicación citada en esta nota, pp. 56-8.

76. Esto supone que los porcentajes de enmiendas presentadas por los distintos grupos es el siguiente: GPECP, 38'54 %; GPSN, 27'08 %; Tuñón-INDEP-GPMX y GPCIU, 12'5 % cada uno; GPP, 9'37 %.

con el mismo contenido y motivación que en el Congreso,[77] planteado ahora por el GPECP, donde en el Senado se integran –junto con otros– parlamentarios de las mismas fuerzas políticas que forman parte del grupo que lo propuso en la otra cámara.[78]

Es importante indicar cómo recibe el Senado los preceptos que el Congreso de los Diputados había adicionado al proyecto remitido por el Gobierno, debiendo recordarse que cuatro de ellos propuso incluirlos ya el Informe de la Ponencia de la Comisión de Interior y el quinto lo añadió la propia Comisión en el Dictamen. Sobre dos de ellos no se propone enmienda alguna en el Senado y sobre los otros tres sí: en concreto, no se plantean enmiendas sobre el artículo aprobado por el Congreso con el número 22, que regula la permanencia en las dependencias habilitadas para ello por el solicitante de asilo durante la tramitación de la solicitud, ni sobre la Disposición Adicional octava, que establece el informe anual que debe remitir el Gobierno a las Cortes sobre la aplicación de la ley. Es importante señalar, como se puso de manifiesto con anterioridad, que el primero posee una redacción susceptible de causar problemas de interpretación y, por tanto, de aplicación, así como su similitud con la previsión de la Ley 9/1994 que fue recurrida ante el Tribunal Constitucional. Sí fueron objeto de enmiendas los preceptos relativos a las causas de denegación del derecho de asilo y la protección subsidiarias –por GPECP y GPCIU el primero y un Senador del Grupo Mixto, GPECP y GPCIU, el segundo–, así como el que regulaba la solicitudes de protección internacional en las representaciones diplomáticas españolas –por GPP y GPCIU.[79] Igualmente, hubo dos preceptos que el Congreso modificó en su totalidad respecto al proyecto inicial, el que regulaba la tramitación de urgencia y el

---

77. El primero se plantea como artículo 5 bis a través de la Enmienda Núm. 22 (BOCG-S-, IX Legislatura, Serie II, Núm. 21 (c), 22 de septiembre de 2009, p. 30) y el segundo como artículo 15 bis a través de la Enmienda Núm. 27 (ibídem, pp. 31-2).

78. Se efectúa a través de la Enmienda Núm. 82 y simplemente cambia la numeración de los artículos (cfr. ibídem, pp. 49-51).

79. Al artículo que regulaba las causas de denegación del derecho de asilo se presentan las Enmiendas Núm. 53, 54 y 55 (GPECP) y la Núm. 87 (GPCIU); al referido a las causas de denegación de la protección subsidiaria las Enmiendas Núm. 2 (Tuñón-INDEP-GPMX), 57 (GPECP) y 89 (GPCIU); al dedicado a las solicitudes de protección en embajadas y consulados, las Enmiendas Núm. 44 (GPP) y 94 (GPCIU) (cfr. ibídem, pp. 56-58).

relativo a la reducción y retirada de las condiciones de acogida: sobre el primero plantea una enmienda GPECP.[80]

El siguiente trámite en el Senado se produce en la Comisión de Interior, donde se procede a dictaminar el texto remitido por el Congreso de los Diputados y se realizan el debate y votación de las enmiendas planteadas en la Cámara Alta.[81] En este punto es importante indicar varios elementos que ayudan a comprender el resultado de la iniciativa tramitada, esto es, el actual texto legal.

También aquí se dan por defendidas algunas de las enmiendas presentadas, aunque lo más llamativo es que uno de los que hace uso de esta posibilidad es el grupo que presentó más enmiendas en el Senado –el GPECP– cuya intervención en la sesión de esta Comisión se reduce a manifestar esa intención: esto supone indudablemente restar importancia política a su actividad e iniciativa y resulta difícilmente entendible, lo que se incrementa al advertir que ni siquiera hizo uso de la palabra en el turno de Portavoces.[82] Ciertamente debe tenerse en cuenta que la sesión de la Comisión se celebró sólo 48 horas antes que la del Pleno del Senado, pero eso no resulta óbice para la valoración que se acaba de hacer. Además, resulta interesante indicar que, pese a ello, parte de sus enmiendas fueron aprobadas en este trámite de Comisión, dentro de las 36 enmiendas que se aprobaron en esta fase del procedimiento.[83]

---

80. Se trata de la Enmienda Núm. 74 (GPECP) (cfr. ibídem, p. 58).

81. Ha de tenerse en cuenta que el procedimiento legislativo del Senado no siempre impone la designación de una Ponencia a la que se encargue la realización de un Informe sobre la iniciativa de que se trate, sino que esto es una opción de la Comisión, como dispone el artículo 110 del Reglamento del Senado. En el caso de la iniciativa que aquí se trata no se designó Ponencia, como se deduce de la correspondiente publicación: Diario de Sesiones del Senado-Comisión de Interior -en adelante, DSS-CI-, IX Legislatura, Comisiones, Núm. 204, sesión celebrada el día 5 de octubre de 2009, pp. 1-8.

82. En el turno de defensa de las enmiendas que se presentaron, el Senador Tuñón-INDEP-GPMX no se encontraba presente y, en su nombre, el Portavoz del GPMX dio por defendidas sus enmiendas (cfr. ibídem, p. 1). Para las enmiendas del GPECP, fue su Portavoz quien redujo su intervención, en el turno de defensa de las mismas, a decir "solamente voy a dar por defendidas las enmiendas" y, posteriormente, no intervino en el turno de Portavoces (ibídem, pp. 3 y 6).

83. Las enmiendas que fueron aprobadas del GPECP se votaron de modo separado a petición de otro grupo, lo que también ocurrió con las aprobadas del Senador Tuñón-INDEP-GPMX, del GPSN y del GPCIU, no produciéndose esta votación separada de las presentadas por el GPP, que también fueron aprobadas (vid. ibídem, pp. 6-7).

Otra cuestión con relevancia producida en este debate es que el único grupo que se posiciona en contra de las enmiendas es el GPS, lo que trasluce la opinión del propio autor de la iniciativa, es decir, el Gobierno, respecto a las mismas, y que contribuirá a algunas dificultades intrínsecas de esta norma, porque se cambia de postura durante el tiempo en que la iniciativa está en el Senado e, incluso, durante al final de esta misma sesión.[84]

Las razones de esta negativa parecen ser dobles: de una parte la intención del GPS y, por tanto realmente, del Gobierno, de no salirse de los límites que, a su juicio, imponían las Directivas comunitarias que se transponen, aunque no se explicitan dichos límites y, de otra, la sustitución de la palabra mujeres por personas en la parte del artículo dedicado a identificar elementos que ayuden a valorar los motivos de persecución.[85]

En cuanto al resultado de las votaciones producidas en esta Comisión de Interior debe indicarse que, a pesar de la suerte diversa de las enmiendas presentadas —unas rechazadas y otras aceptadas—, en último lugar se votó el texto de la iniciativa y fue aprobado por unanimidad.[86] También destaca, como consecuencia de la votación efectuada, la formulación de cinco votos particulares por parte de cinco grupos parlamentarios al Dictamen aprobado y, especialmente, que eso supone que todas las enmiendas presentadas en el Senado quedan pendientes para el Pleno de dicha cámara por una doble razón. De una parte, los grupos que habían planteado enmiendas que no fueron aprobadas —cuatro de los cinco, ya que fueron aprobadas todas las del GPP, junto a parte de las presentadas por los otros— las mantienen como votos particulares. De otra, porque el contenido del voto particular formulado por el GPS plantea volver al texto remitido por

---

84. Vid. intervención de la representante de este grupo en ibídem, p. 4. En ella se indica "es cierto que cuando la ley llega al Senado -tras un debate muy exhaustivo en el Congreso, donde incluso se celebran comparecencias en la Comisión de Interior-, el Grupo Parlamentario Socialista plantea mejorar en lo que sea necesario el proyecto de ley durante su tramitación, pero intentando lograr un consenso importante para sacar adelante el texto que viene del Congreso, por la sencilla razón de que estamos muy limitados a no salirnos, entre comillas, de lo que nos marcan las propias directivas". De hecho, otro grupo se hace eco de este cambio sin razón aparente: "La verdad es que, a diferencia del Congreso, aquí no se ha alcanzado el consenso. No sé si por falta de consenso parlamentario o por falta de consenso gubernamental" (intervención del representante del GPCIU, ibídem, p. 2).

85. Ibídem, p. 4.

86. Cfr. ibídem, pp. 6-8: llama más la atención si se repara en que un grupo -el GPS- se había posicionado en contra de las enmiendas.

el Congreso de los Diputados en lo modificado por las 36 enmiendas aprobadas en la Comisión de Interior del Senado.[87]

Finalmente, debe hacerse mención a un tema que se deduce de este
debate, se reitera en el posterior Pleno del Senado y posee importancia respecto al contenido de la norma aprobada: es la percepción de confusión en
la elaboración de esta norma, que se acentúa por el deseo de llegar a acuerdos entre las diferentes formaciones y que tiene una manifestación evidente en que se llevan las negociaciones hasta el último momento.[88] Esta confusión produce más perplejidad si se contrasta, además de con las reitera-
das manifestaciones de los diversos protagonistas acerca de la importancia
y relevancia de esta materia –produciendo la consiguiente desvalorización
de tales proclamaciones–, con algo que se ya se mencionó en el Congreso
de los Diputados y que ahora se repite: la tardanza con la que se ha empe-
zado a efectuar la transposición de las Directivas de las que esta norma trae
origen.[89] Finalmente, esta impresión se manifestará en el Pleno del Senado
incluso dentro de un grupo parlamentario.[90]

---

87. Cfr. BOCG-S-, IX Legislatura, Serie II, Núm. 21 (d), 7 de octubre de 2009, p. 79.

88. Se aprecia confusión tras leer, en la publicación parlamentaria que reproduce la
sesión de la Comisión de Interior, el diálogo entre el Portavoz GPECP y el Presidente
de la Comisión acerca de qué se estaba votando y la impresión de ambos de que se
podían haber aprobado cosas contradictorias: se resuelve la cuestión confiando en que
al preparar el material para el Pleno por los servicios de la Cámara se advertiría si eso
había ocurrido (cfr. DSS-CI, p. 8). Debe consignarse, en relación con este punto, que
el Dictamen y los votos particulares se publican en el BOCG el mismo día del debate definitivo del Pleno del Senado (7 de octubre de 2009). Aparecen menciones a esta
dificultad en el propio debate del Pleno de la Cámara Alta (cfr. DSS, IX Legislatura,
Núm. 54, sesión del Pleno celebrada el día 7 de octubre de 2009, pp. 2555, 2559 -
donde expresamente se recogen estas frases del representante del GPCIU: "En este
caos parlamentario en el que nos ha sumido esta ley" o "a pesar de todo, con la caó-
tica situación de negociación actual, difícilmente puede hacer más esfuerzos el partido que da apoyo al Gobierno"-; 2555 -calificando de "tortuoso" al trámite de
Comisión de Interior la portavoz del GPS; 2561 -llamando, igualmente, "tortuoso" al
camino que ha llevado a la consecución del acuerdo del Senado, un Senador de
Coalición Canaria-).

89. Aquí lo indica la representante del GPP (vid. DSS-CI, p. 3).

90. Textualmente el primer Senador del GPECP que interviene ante el Pleno indica que
"tenemos vivas 28 enmiendas, 10 enmiendas de Iniciativa y de Esquerra Unida y 18
enmiendas de Esquerra Republicana de Catalunya. Al final, parece que, si a última
hora eso no se cambia, nueve enmiendas de los compañeros de Esquerra Republicana
de Catalunya han sido o transaccionadas o aceptadas de una forma parcial" (DSS-

En la sesión del Pleno del Senado destacan varios aspectos en una perspectiva formal, cuyas implicaciones sustantivas serán expuestas más adelante: se produce una doble presentación de la iniciativa, no hay ningún turno en contra de la misma, ni tampoco se produce intervención alguna en contra de las enmiendas mantenidas vivas para este momento de la tramitación.[91] En cuanto a la presentación, en primer lugar, el Presidente de la Comisión de Interior realiza la presentación del Dictamen de la citada Comisión en los términos previstos por el Reglamento del Senado;[92] en segundo lugar, la representante del grupo que en su totalidad apoya al Gobierno en esta cámara —el GPS— hace uso del turno a favor del Dictamen para presentar el proyecto: debe recordarse que en Comisión se posicionó en contra de las enmiendas y, posteriormente, dicho grupo presentó un voto particular al Dictamen.[93] Más allá de las palabras dirigidas propiamente a presentar el proyecto, el núcleo de esta intervención presentando la iniciativa se centra en resaltar el acuerdo que finalmente se ha obtenido en la cámara —a lo que se otorga particular importancia y, por ello, se indica expresamente en cuatro ocasiones—, así como en la enumeración de varias de las novedades recogidas en el proyecto: la recepción explícita de la protección subsidiaria —que se considera regulada con las mismas pautas que el derecho de asilo—, y la incorporación "de la dimensión de género y la orientación

---

Pleno, p. 2560). La inmediata intervención de un Senador de Esquerra Republicana de Catalunya no permite despejar esa duda (pp. 2560-1).

91. Se reflejan estos aspectos en DSS-Pleno, pp. 2555-6 y 2561. Sosteniendo una parte del GPECP que sería la de celebración del Pleno del Senado "una tarde posiblemente bastante negativa para los derechos humanos en nuestro país", sorprende que no haga uso de estos turnos en contra de la iniciativa (pp. 2556 y 2561): una explicación viene dada por la dinámica de funcionamiento compleja de este grupo, ya que si el representante de una formación integrante del mismo -Esquerra Republicana de Catalunya- anuncia, en el turno a favor de las enmiendas, que sus Senadores votarán en contra del proyecto (p. 2560), finalmente, en el turno de portavoces, interviene un representante de la parte del grupo favorable al proyecto -los Senadores socialistas de la Entesa Catalana de Progrés- (p. 2563).

92. En cumplimiento de lo previsto en el artículo 120.1 de ese texto, simplemente hizo mención de los aspectos básicos de la tramitación parlamentaria, de la estructura de la iniciativa y de la doble finalidad que recoge el Preámbulo (ibídem, p. 2555).

93. El artículo 120.2 del Reglamento del Senado establece un turno a favor y otro en contra sobre la totalidad, que puede entenderse -como parece hacerse aquí- del texto remitido por el Congreso de los Diputados.

sexual".[94] Con esta intervención, pues, se anuncia un acuerdo entre los diversos grupos parlamentarios, al que obviamente no es ajeno el Gobierno, lo que significa una nueva transacción sobre las enmiendas y los votos particulares mantenidos, y que se culmina momentos antes de la sesión plenaria:[95] de hecho, el alcance del acuerdo no se expresa públicamente hasta avanzada la sesión, en otra intervención de la misma Senadora que efectuó su anuncio.[96] Es conveniente destacar que suscriben ese acuerdo parte de los Senadores integrantes del GPECP, los Senadores socialistas, produciéndose una divergencia en la posición de los miembros de este grupo atendiendo a la formación política de procedencia.[97] Finalmente, sobre dicho acuerdo domina un cierto carácter

---

94. Ibídem, DSS-Pleno, pp. 2555-6.

95. Como se hace notar expresamente en el curso de la sesión por parte del portavoz del GPSN, quien señala que las transacciones se han acordado y firmado momentos antes de la reunión del Pleno del Senado y reconoce que "aunque sea a última hora, el Grupo Parlamentario Socialista y el Gobierno han hecho un esfuerzo evidente en tal sentido y que van a introducirse, en consecuencia, un buen número de transacciones en la línea que los distintos grupos parlamentarios hemos defendido, y que, por tanto, finalmente se ha conseguido ese efectivo deseo de mejorar el texto" (ibídem, p. 2559).

96. Dicha Senadora aprovecha el turno de defensa de enmiendas -cuando en realidad su grupo no había presentado ninguna en el Senado-, para comunicar el alcance del acuerdo al que se había llegado: ocho transacciones sobre las que no se realiza precisión alguna (ibídem, p. 2561, aunque posteriormente el representante de otro grupo cree que son nueve -p. 2562 y, realmente, han sido diez). Como consecuencia del acuerdo, el voto particular del GPS al Dictamen aprobado en la Comisión de Interior, queda modificado en los términos expuestos ante el Pleno, lo que significa la aceptación de 27 de las enmiendas aprobadas en la Comisión: "Para que le quede claro a la Mesa, les diré que, tras los acuerdos a los que hemos llegado, hemos sacado de nuestro voto particular las siguientes enmiendas: las números 5, 7 y 12 del Grupo Parlamentario Mixto; la 19, la 30, la 31, la 34 y la 37 del Grupo Parlamentario de Senadores Nacionalistas; la 39, la 40, la 41, la 42, la 43, la 44, la 45, la 46 y la 47 del Grupo Parlamentario Popular en el Senado; la 62, la 66 y la 74 del Grupo Parlamentario Entesa Catalana de Progrés; y la 85, la 90, la 91, la 93, la 94, la 95 y la 96 del Grupo Parlamentario Catalán en el Senado de Convergència i Unió. Por tanto, así quedaría el voto particular del Grupo Parlamentario Socialista: sacando estas enmiendas" (ibídem, p. 2561).

97. Ibídem, pp. 2559 y 2561. La intervención del primer representante de este grupo parlamentario se hace para defender las enmiendas presentadas por Iniciativa per Catalunya+Verds y Esquerra Unida (10 enmiendas) y Esquerra Republicana de Catalunya (18), ya que -como indica- el resto de miembros del grupo no comparte esa

coyuntural, pues se suceden diversos pronunciamientos sobre el deseo de que se respete en el Congreso de los Diputados, cuando decida definitivamente sobre las enmiendas aprobadas por el Senado, no interviniendo en ese sentido −significativamente− nadie de quienes integran en el Congreso el grupo que sostiene al Gobierno y que, como ya se ha mencionado, en el Senado se encuentran en dos grupos parlamentarios.[98]

Fruto de ese acuerdo será también la retirada en dos momentos diversos de esta misma sesión plenaria de algunas de las enmiendas vivas para este trámite parlamentario, lo que se realiza tanto en el turno de defensa de las enmiendas, como en el turno de portavoces,[99] así como la modificación de otras aprobadas en Comisión.[100]

Otro aspecto bastante presente en esta sesión del Pleno del Senado es la reiterada percepción, por parte de quienes toman la palabra y que refleja la posición de sus grupos, de la mejora del proyecto durante la tramitación seguida en esta cámara, reconocida incluso por la formación política que anuncia el voto en contra a la iniciativa.[101]

---

posición ahora (pp. 2559 y 2561). Es preciso recordar que este GPECP tiene su origen en una coalición electoral para las elecciones al Senado, coincidente con las formaciones políticas que sostienen el gobierno tripartito de Cataluña, mientras en el Congreso de los Diputados los parlamentarios electos del PSC forman parte del GP Socialista.

98. Sí expresan ese deseo, al inicio de la sesión, Tuñón-INDEP-GPMX (ibídem, p. 2557) y, posteriormente, lo reiteran los portavoces de Coalición Canaria y de los grupos parlamentarios GPSN, GPCIU y GPP (pp. 2562 y 2565).

99. Se retiran 8 enmiendas de Tuñón-INDEP-GPMX, anunciando -no obstante- su voto a favor de enmiendas coincidentes con las que retira si otro grupo las mantiene (ibídem, p. 2556) y 2 de GPCIU aunque con una argumentación algo peculiar: "otras dos enmiendas, las números 87 y 89, las retiramos, no porque no nos parecieran bien, sino porque hemos visto que hay una colisión con el Código penal, pues aquellas personas que cumplen sentencias de más de siete años en sus países pueden haber cometido delitos de mucha gravedad: violaciones, etcétera. Por tanto, hemos decidido retirarlas de común acuerdo en la negociación mantenida con el Partido Socialista" (p. 2559). Por su parte, el GPSN en turno de portavoces anuncia que retira varias enmiendas -que no especifica- y mantiene vivas 5 - las números 16, 18, 27, 28 y 33- (ibídem, p. 2562).

100. En concreto, las 4 de Tuñón-INDEP-GPMX que fueron aprobadas en Comisión a través de transacción -enmiendas números 3, 5, 7 y 12-, son modificadas por medio del mismo mecanismo con posterioridad a ese órgano (ibídem, p. 2557). Igualmente, una de las enmiendas del GPP aprobadas en Comisión -habían sido aprobadas todas las presentadas por este grupo- también se modifica ahora mediante transacción (p. 2564).

La posición definitiva de los diferentes grupos parlamentarios se expresa en el turno de portavoces. Interesa destacar, en un primer acercamiento, que todos los Senadores que intervienen en este trámite anuncian su voto favorable a la iniciativa y que, concretamente, los portavoces del GPCIU y del GPEC –aunque aquí debe anotarse que éste proviene del PSC, formación cuyos Senadores se integran en ese grupo y no en el GPS–, lo consideran un buen proyecto.[102]

Lógicamente el amplio grado de acuerdo alcanzado se manifiesta en las votaciones efectuadas al término del debate. Para advertir mejor cómo se refleja esto, han de diferenciarse cinco elementos: las enmiendas mantenidas vivas por algún grupo, el voto particular vivo, las enmiendas transaccionales, las modificaciones aprobadas en la Comisión de Interior del Senado respecto al texto remitido por el Congreso de los Diputados y no afectado por las enmiendas transaccionales ni las mantenidas vivas y, finalmente, el resto de la iniciativa, es decir, lo que remitió el Congreso y no ha sido objeto de modificación ni enmienda en el Senado. En primer lugar, de las enmiendas mantenidas por los grupos para esta sesión plenaria se aprueban las dos del GPCIU –con el voto favorable de todos los Senadores que participan en la votación, que asciende a 245, salvo una abstención–, mientras son rechazadas las del GPSN y las correspondientes al GPECP.[103] En segundo lugar, del voto particular presentado por el

---

101. "Los senadores de Esquerra Republicana votaremos en contra de un proyecto que restringe el derecho de asilo, a pesar de que se hayan pulido algunas aristas en el Senado" (ibídem, p. 2560). Afirman explícitamente que el texto se ha mejorado en el Senado, el GPS (p. 2556), Tuñón-INDEP-GPMX (p. 2557), GPSN (pp. 2557 y 2559), GPCIU (pp. 2559 y 2562) y GPP (p. 2564).

102. Sobre esa calificación respecto al proyecto, vid. respectivamente pp. 2562 y 2564. El representante de Coalición Canaria indica que valora positivamente con carácter general el proyecto (pp. 2561 y 2562); el portavoz del GPSN también, tras examinar las transacciones obtenidas, comunica el voto favorable a estas y al conjunto del texto (p. 2562); el portavoz del GPCIU señala que "no es el que hubiera hecho Convergència i Unió, pero por posibilismo vamos a votarlo favorablemente" (ibídem); el representante de los Senadores socialistas integrados en GPECP también anuncia el voto favorable al proyecto (p. 2563), así como las portavoces del GPS (p. 2564) y GPP (p. 2565, indicando esta última el voto favorable también a todas las enmiendas transaccionales obtenidas).

103. Salvo en la última de las votaciones mencionadas -en la que se emiten 244 votos-, se emiten en todas las demás 245 votos, correspondientes a los Senadores presentes en la sesión (cfr. ibídem, p. 2565). Las dos enmiendas del GPCIU, votadas conjunta-

GPS respecto al Dictamen de la Comisión se vota y aprueba, por una amplia mayoría, la vuelta al texto aprobado por el Congreso en lo modificado por nueve enmiendas aprobadas en la Comisión de Interior, modificándose –por tanto– el Dictamen de este órgano en estos puntos.[104] A continuación se votan las diez enmiendas transaccionales pactadas por los grupos antes de este Pleno y que afectaban a enmiendas aprobadas en la citada Comisión, que, al estar firmadas por todos los grupos, pueden ser aprobadas por asentimiento, como así sucede.[105] En cuarto lugar, en un solo acto, se aprueba lo modificado por la Comisión de Interior del Senado y que no resultaba afectado por ninguno de los puntos anteriores.[106] Por último, se vota el resto del Dictamen, que correspondía con el texto remitido por el Congreso y no afectado por ninguna modificación o con enmienda presentada.[107]

Es interesante observar que junto, a las enmiendas transaccionales, lo que recibe un apoyo más elevado por parte de la cámara son las enmiendas del GPCIU, seguido de lo modificado en el Senado y no se veía afectado por enmiendas o voto particular y, finalmente, el texto remitido por el Congreso y no afectado por ninguna modificación o con enmienda presentada. A la vez, suscitaron mayor rechazo las enmiendas números 16 del GPSN y 48 del GPECP.

Estos datos muestran que los grupos parlamentarios no actúan uniformemente en todas las votaciones, sino que las administran diversamente en función de sus intereses, utilizando los diversos sentidos del voto y las

---

mente, reciben el respaldo de 244 Senadores y una abstención; las enmiendas del GPSN son votadas separadamente: la número 16 recibe 18 votos a favor y 227 en contra y el resto- que son votadas conjuntamente- reciben 20 votos a favor y 225 en contra; las enmiendas del GPECP son votadas en tres bloques: la enmienda número 48 obtiene recibe 12 votos a favor, 227 en contra y 6 abstenciones; las enmiendas números 53, 56, 57, 60, 63, 68, 72 y 82, obtienen 14 votos a favor, 225 en contra y 5 abstenciones; el resto de las enmiendas de este grupo obtienen 14 votos a favor, 223 en contra y 8 abstenciones (ibídem).

104. El GPS proponía, en la parte del voto particular que no retiró, la vuelta al texto del Congreso en lo modificado en la Comisión de Interior del Senado por las enmiendas 25 y 26, del GPSN; 52, 64, 65, 75, 78 y 79, del GPECP, y la 92, del GPCIU: se aprueba esta pretensión con 229 votos a favor, 14 en contra y 2 abstenciones (ibídem).

105. Ibídem. Las diez enmiendas transaccionales llegan a conocimiento del Pleno como propuestas de modificación con números de registro 26579 a 26588.

106. Se aprueban estas modificaciones con 238 votos a favor y 7 en contra (ibídem).

107. Recibe el respaldo de 235 Senadores, 7 votos en contra y 2 abstenciones (ibídem).

peticiones de votaciones separadas. Además, queda claro que lo aprobado con el menor número de apoyos son, respectivamente, lo mantenido vivo por el GPS de su voto particular, así como el texto aprobado en el Congreso y no modificado por el Senado. Lo primero puede entenderse como muestra de desaprobación a este grupo por no aceptar, en un primer momento, las modificaciones introducidas en la Comisión de Interior del Senado, al intentar mantener el texto remitido por el Congreso y rechazando lo introducido por otros tres grupos distintos. Lo segundo –presente también en ese primer punto– obedece al reconocimiento del trabajo de la propia cámara, que no quiere aparecer simplemente subordinada al Congreso, sino que –por su propia composición y dinámica de funcionamiento– tiene intereses diferentes en parte.

Al haber sido modificado el texto del proyecto de ley en el Senado, debe volver al Congreso de los Diputados para que éste apruebe definitivamente la iniciativa. Antes de entrar en el último y definitivo debate conviene identificar las modificaciones realizadas en la Cámara Alta, así como observar el mensaje motivado que las acompaña.[108] Estas afectan –además de los preceptos en los que se hacen correcciones gramaticales o de estilo, como los artículos 9, 12, 13, 19.1, 26.1, 36.1 y Disposición Adicional Cuarta–[109] al artículo 3, donde se define la condición de refugiado, añadiendo "el género y la orientación sexual entre los motivos de persecución que justifican la protección";[110] a la rúbrica del artículo 6, ahora denominado "actos de persecución"; a uno de los elementos que se tienen en cuenta para valorar los motivos de persecución del artículo 7.1, punto que se argumentó inicialmente como obstáculo al consenso en la Comisión de Interior, como se ha señalado anteriormente;[111] a una de las causas de exclusión de la condición de refugiados del artículo 8 y de la condición de beneficiarios de la protección subsidiaria del artículo 11, concretamente la

---

108. BOCG-CD-, IX Legislatura, Serie A, Núm. 13-15, 15 de octubre de 2009, p. 1-2 y la corrección de un error publicada en BOCG-CD-, IX Legislatura, Serie A, Núm. 13-16, 19 de octubre de 2009, p. 1.

109. Cfr. Ibídem, pp. 1-2.

110. BOCG-CD-, IX Legislatura, Serie A, Núm. 13-15, 15 de octubre de 2009, p. 1. También se efectúan algunas mejoras de estilo y se corrige la remisión que se hace a otro precepto.

111. Se sustituye la palabra "mujeres" por "personas" "por considerar más adecuado, desde el punto de vista de la amplitud de la protección que debe garantizar el asilo, el empleo de la palabra "personas"" (ibídem, p. 1).

relativa a las personas extranjeras sobre las que existan motivos fundados para considerar que "han cometido fuera del país de refugio antes de ser admitidas como refugiadas (...)" un delito grave entendiendo por tal "los que lo sean conforme al Código Penal español y que afecten" a determinados bienes jurídicos;[112] prácticamente toda el apartado del artículo 16 donde se reconocen los derechos a asistencia sanitaria y a asistencia jurídica gratuita de los solicitantes de protección internacional;[113] la previsión relativa a la motivación de la ponderación sobre la necesidad o no de efectuar nuevas entrevistas en el artículo 17;[114] el cambio de rúbrica del artículo 20, ahora denominado "No admisión de solicitudes presentadas dentro del territorio español", así como asimilar mejor los conceptos de "primer país de asilo" y "tercer país seguro" a la Directiva 2005/85/CE;[115] en el artículo 21 el cambio de denominación a "Solicitudes presentadas en puestos fronterizos", junto a la ampliación del plazo de notificación de denegación de solicitudes presentada en esos puestos cuando el ACNUR lo solicite razonadamente; la supresión de una de las circunstancias en que el Ministerio del Interior puede acordar la tramitación de urgencia del procedimiento del artículo 25;[116] el establecimiento de treinta días como el plazo

---

112. Lo modificado en el Senado es lo transcrito literalmente. La finalidad es doble "por un lado, mediante la supresión de la conjunción "o", de efectuar una correcta transposición de lo dispuesto en el artículo 12.2.b) de la Directiva 2004/83/CE del Consejo, de 29 de abril de 2004, y, por otro, de acotar con mayor precisión los graves delitos cuya comisión constituye causa de exclusión" y, en el artículo 11, "además se han introducido determinadas precisiones terminológicas" por referirse a la protección subsidiaria" (ibídem).

113. Según se justifica, para plasmar mejor esos derechos (ibídem).

114. Lo que obliga a corregir la referencia que a ese artículo se realiza en el artículo 24.1 para las nuevas entrevistas a personas sobre las que ya se haya admitido la solicitud según indica (ibídem).

115. Sobre la finalidad de esas enmiendas, en el Mensaje motivado del Senado se dice que "una de ellas afecta al párrafo c) de su apartado 1 y tiene por finalidad, a través de la mención de los artículos correspondientes de la Directiva 2005/85/CE del Consejo, describir más adecuadamente el supuesto contemplado en este párrafo, basado en el concepto de "primer país de asilo". La otra enmienda afecta al párrafo d) del mismo apartado citado y pretende transponer más adecuadamente el concepto de "tercer país seguro" empleado en el artículo correspondiente de la Directiva 2005/85/CE, que asimismo se menciona, describiendo en suma de forma más precisa el supuesto contemplado en este apartado" (ibídem, p. 2).

116. "Se pretende que entre las circunstancias que habilitarían la aplicación del procedimiento de urgencia no se encuentre, por sus potenciales efectos perjudiciales para

para presumir el desistimiento o retirada de las solicitudes de protección en el artículo 27; la adición de la necesidad de que el reglamento de desarrollo de la ley determine las condiciones de accesos a las sedes de las representaciones diplomáticas españolas en el extranjero, así como del procedimiento para evaluar el traslado a España de los solicitantes de protección internacional en embajadas y consulados (artículo 38); no incluir entre los motivos de denegación de protección internacional por extensión familiar y de denegación de la reagrupación familiar, de los artículos 40 y 41, los previstos en el artículo 8.1; la corrección de la remisión normativa efectuada en el artículo 45 así como otras correcciones de estilo;[117] finalmente, a la previsión de entrada en vigor de la norma a los veinte días de su publicación en el Boletín Oficial del Estado, en la Disposición Final Cuarta.[118]

IV

Las singularidades que han rodeado la aprobación de este proyecto continúan cuando vuelve el texto al Congreso de los Diputados para su debate y definitiva votación. En el debate no participa ningún miembro del Gobierno y se sustancia únicamente a través de un turno de fijación de posiciones, en el cual tampoco ningún miembro del GP Mixto toma la palabra, al no haber nadie de ese grupo en la cámara en el momento previsto y, por ello, las intervenciones quedan circunscritas a los otros cinco grupos existentes.[119] Igualmente, se produce la votación en bloque de todas las enmiendas del Senado y se alcanza prácticamente unanimidad en la cámara en la votación de aceptación de esas modificaciones: en ese sentido, ningún grupo solicita votación separada de alguna enmienda y se obtienen 327 votos favorables a las enmiendas del Senado y 1 abstención,

---

los solicitantes de protección internacional, el supuesto de que el solicitante tuviese incoado expediente de expulsión o se hubiese acordado su devolución o el rechazo en puesto fronterizo" (ibídem).

117. La motivación de esta enmienda es la que fue objeto de corrección de un error a través del BOCG-CD-, IX Legislatura, Serie A, Núm. 13-16, 19 de octubre de 2009, p. 1.

118. "Que se explica por la conveniencia de establecer un período de *vacatio legis* no inferior al previsto en el artículo 2.1 del Código Civil" (ibídem).

119. DSCD-Pleno, IX Legislatura, Núm. 113, Sesión plenaria núm. 105, celebrada el día 15 de octubre de 2009, pp. 2 y 4.

no registrándose ningún voto en contra.[120] Esto último cobra mayor relieve cuando se repara que un grupo parlamentario –Esquerra Republicana-Izquierda Unida-Iniciativa per Catalunya Verds–, a través de su portavoz anunció expresamente su rechazo al proyecto, en continuidad con su posición en la tramitación efectuada en el Congreso y con lo expresado en la tramitación en el Senado por los Senadores de las formaciones políticas que integran este grupo.[121] En efecto, el grupo mencionado es el único que se pronuncia en contra del proyecto, aunque esto no parece que se tradujera en la votación, mientras los restantes que hacen uso de la palabra lo apoyan.[122]

Así, el GP Vasco expresa que la norma es razonable y ha sido mejorada en la actuación parlamentaria, aunque persisten algunos aspectos sobre las que mantienen objeciones que, no obstante no consideran de suficiente entidad como para votar negativamente:[123] en realidad, realiza un desplaza-

---

120. Ibídem, p. 42.

121. Ibídem p. 5. Al inicio de su intervención, bastante crítica con la iniciativa, indicó: "el Grupo Parlamentario de Esquerra Republicana-Izquierda Unida-Iniciativa per Catalunya Verds no va a votar favorablemente (...) No votó, ya en el Congreso, su aprobación y hemos visto cómo nuestras veintiocho enmiendas eran rechazadas, excepto un par de ellas que introducen elementos de carácter técnico de interés pero que no afectan a nuestra crítica troncal al mismo proyecto de ley, hoy convertida en ley" (p. 4).

122. En ese sentido, las apelaciones -entre otras- a la ejemplaridad de una sociedad democrática madura en la regulación de los derechos quedan relativizadas. Los puntos de divergencia se basan en la consideración de que el número de peticiones y concesiones de protección internacional el año 2008 refleja que España no es favorable a este tema; la orientación restrictiva del GP Socialista tanto respecto a esta materia, como a la extranjería; la exclusión de los ciudadanos europeos comunitarios del derecho a solicitar asilo; "la imposibilidad de pedir asilo en las embajadas", aunque esta cuestión haya sido mejorada en la tramitación parlamentaria; "el concepto de tercer país seguro como causa de inadmisión"; la ampliación de algunos plazos de detención en frontera; un cierto incremento de las causas de exclusión o que hay razones de carácter sanitario que, a nuestro entender, se quedan muy cortas (cfr. Ibídem, pp. 4-5).

123. "Sin perjuicio de las objeciones mencionadas, que no son tampoco de escasa entidad pero no son de tanta entidad como para provocar un voto negativo de nuestro grupo parlamentario, favorecen nuestra adhesión al proyecto y nuestro voto positivo" (ibídem, p. 6). Las objeciones se refieren a la "imposibilidad de que un ciudadano de la Unión Europea puede solicitar la condición de asilado o de perseguido políticamente", y la "definición del concepto de apátrida".

miento del objeto del debate –la ratificación o no de las enmiendas aprobadas en el Senado–, hacia la aceptación o no del proyecto de ley, con la
expresión de los puntos en que han sido aceptadas enmiendas planteadas
por ese grupo a lo largo de la toda la tramitación parlamentaria y que, en
opinión de su portavoz, han servido para mejorar el proyecto. Por su parte,
el GP Catalán (Convergència i Unió) anuncia inmediatamente su apoyo a
las enmiendas del Senado por cuanto han mejorado el proyecto, y agrade-
ce la disposición favorable en esa cámara de los diferentes grupos, así
como especialmente del GP Socialista y del Gobierno:[124] con ello, centra
adecuadamente la intervención en los aspectos modificados por el Senado
y que se valoran positivamente, destacando que de las doce enmiendas presentadas por este grupo en dicha cámara diez han sido introducidas prácticamente de modo literal, mientras las otras dos fueron retiradas por el
propio grupo. A continuación, por el GP Popular también se anuncia el
apoyo a las enmiendas del Senado, así como el convencimiento de que el
proyecto ha sido mejorado sustancialmente durante la tramitación parlamentaria en las dos cámaras.[125] Finalmente, la más extensa intervención
corresponde al GP Socialista, también favorable a las enmiendas del
Senado, y es de carácter más general que otras, pues se centra en las fina-
lidades de esta legislación y en el carácter del proyecto, además de responder en concreto a algunas de las críticas planteadas: evidentemente esa
actuación resulta apropiada, en términos políticos, al tratarse del grupo que

---

124. Se afirma que "ciertamente -se ha señalado hoy aquí por los portavoces que me han
     precedido en el uso de la palabra- no podemos hablar de cambios radicales, lo cual
     por otra parte sería extraño después del extenso trabajo que se hizo en esta Cámara,
     pero sí podemos considerar que el texto se ha perfeccionado y, sobre todo, que se ha
     redondeado en aquellos aspectos que quedaban apuntados pero que quizás adolecían
     de una cierta inconcreción" (ibídem, p. 7).

125. "Creo que la ley que hoy aprobaremos aquí es distinta y bastante mejor que la ley
     que entró como proyecto del Gobierno" (ibídem, p. 7); "este grupo va a apoyar, como
     es natural, las enmiendas que han sido transaccionadas en el Senado" (p. 8); y, por
     último, "todas esas cuestiones han mejorado sustancialmente la ley y que hoy nos
     podemos sentir, como digo, razonablemente satisfechos de que la ley responde, pri-
     mero, a una adaptación de la normativa comunitaria y, segundo, a las necesidades de
     un país moderno que quiere y que cree en la necesidad de potenciar el asilo, y lo hace-
     mos con garantías y sin perder el norte del objetivo de esta ley", además de conside-
     rar que se ha conseguido "no perder el objetivo de esta ley, que es la protección de las
     personas más necesitadas, la lucha contra las injusticias y situaciones extremas en
     muchos países" (p. 7).

sostiene al Gobierno y que éste no intervino directamente en esta definitiva sesión sobre el proyecto. Partiendo del juicio positivo sobre la reforma desde el punto de vista interno, tanto a nivel constitucional como legal, se afirma también este avance desde el punto de vista comunitario.[126] Además, su portavoz indica dos razones para la modificación normativa llevada a cabo, la pérdida de eficacia de la anterior legislación derivada del paso del tiempo y la adaptación a la normativa comunitaria, reafirmando posiciones ya sostenidas con anterioridad tanto en esta cámara como en el Senado,[127] aunque –en términos políticos– traslada un mensaje no muy favorable respecto al desacuerdo con esta legislación.[128] También responde a algunas de las posiciones críticas planteadas: concretamente, a las que se han mantenido en el debate público de modo permanente, como son las relativas a las peticiones de asilo en frontera, en embajadas y consulados y al escaso número de refugiados que llegan a España.[129]

---

126. "Damos un paso más en la consolidación, mejora y ampliación de una institución reconocida en el artículo 13 de la Constitución"; "estamos ante una muy buena ley, y lo estamos por la sencilla razón de que esta ley, la ley del año 2009, a diferencia de la de 1994 y de la de 1984, la hacemos con mucha más experiencia, con mucho más conocimiento"; o afirmando que estamos "avanzando en el espacio europeo de Libertad, Justicia y Seguridad, y sobre todo consolidamos el sistema europeo común de asilo" (ibídem, pp. 8-9).

127. "Después de veinticinco años de vigencia, me parece razonable, era absolutamente necesario -porque había perdido eficacia- que hiciéramos esta modificación. Además, había que adaptarla a las directivas" (ibídem, p. 9); indicando igualmente que "teníamos un reto -lo ha mencionado alguno de mis antecesores en el uso de la palabra-, y es que como se trata de normas mínimas no podíamos rebajar los estándares de protección, y yo creo que lo hemos conseguido; no hemos rebajado los estándares de protección. Nuestro objetivo era garantizar un alto nivel de protección internacional a las personas en situación de vulnerabilidad. Teníamos la limitación, el corsé, la línea roja de que no podíamos transgredir lo que se había establecido por parte de la Unión Europea a través de esas directivas" (ibídem).

128. "Los que no están de acuerdo con una política de asilo común nunca van a estar de acuerdo ni con esta legislación ni con la legislación que venga en el futuro y convendría que asumiesen que esto no tiene freno ni marcha atrás en ningún caso" (ibídem, p. 9).

129. "Me parece que algunos grupos han hecho del tema de la petición de asilo en frontera un símbolo, pero es un símbolo falso, porque resulta que al final lo que vamos a conseguir es algo mucho más importante que lo que existe actualmente. Actualmente, en el artículo 4.4 de la ley se hace una mención de tres líneas a la posibilidad" (ibídem, p. 9); sobre la petición en embajada y consulado, indica que "y ahora le dedica-

V

El objeto de este trabajo ha sido conocer la tramitación parlamentaria de la Ley 12/2009, de 30 de octubre, reguladora del derecho de asilo y de la protección subsidiaria, por el convencimiento de que sus complejas vicisitudes pueden dar cuenta de algunas luces y oscuridades de esta norma. Resulta llamativo que una ley de la importancia de esta se decidiera tramitar, en un primer momento, como "ley de comisión". Lo que ciertamente no redundaba en disminución de legitimidad de la misma, sí dotaba de un cierto perfil bajo a una materia importante. La presentación de una enmienda a la totalidad sirvió para devolver al primer plano del debate jurídico y político, más importante aún en sede parlamentaria, la tramitación de esta iniciativa y actuó como el elemento que permitió rectificar esa primera decisión. Además, contrastaba fuertemente con la importancia que las propias formaciones políticas decían otorgar a la cuestión y, posteriormente, reafirmaron a lo largo del procedimiento legislativo.

A la vez, en el fondo de dicha determinación puede encontrarse una muestra del carácter coyuntural de esta norma, que se aprecia también en otros momentos y justificaciones ofrecidas en el debate parlamentario, y que está conectada con la progresiva construcción del sistema europeo común de asilo y la incierta evolución del mismo por razones diversas. Entre las que se ponen de manifiesto en el análisis de los trabajos parlamentarios objeto de este trabajo, se aprecia su enorme variedad: desde las propias de instrumentos al servicio de la garantía de derechos de personas necesitadas, a la falta de unidad en la política comunitaria europea de

---

mos un capítulo y un apartado propio que se ha mejorado en el Senado, y además decimos que reglamentariamente se va a desarrollar" (ibídem). Respecto a la tercera cuestión afirma que "si a España no llegan tantos refugiados como llegan a otros países y se reconocen menos estatutos, es porque no llegan aquí. Miren de dónde vienen y se darán cuenta de que los países de los que vienen esas personas tienen muchos problema, pero entre esos problemas, afortunadamente para ellos, no está el de la persecución a las personas por su ideología o la violación de sus derechos político o de sus derechos humanos. Tienen motivos para salir de esos países, pero no por estas razones. Si en otros países hay muchos más solicitantes de asilo y muchos más refugiados es porque hay otros países, como es el caso de Alemania, en los que la única forma de procesamiento de los flujos migratorios es a través del asilo. Eso ustedes lo saben" (ibídem, p. 10).

inmigración y extranjería, consideraciones genéricas de política internacional o de aspectos económicos involucrados, sin olvidar las repercusiones internas de estos aspectos.

Es evidente que la ley ha sido aprobada con un muy elevado grado de acuerdo en las dos cámaras que forman las Cortes Generales, tanto en número de votos a favor —que siempre ha superado el 90% de los mismos sobre el total de los miembros de las cámaras en las tres decisivas votaciones efectuadas—, como de formaciones políticas que han participado del mismo, y se observa también en los trámites parlamentarios intermedios. Esto demuestra una coincidencia de planteamientos más allá de lo que se aparenta, la asunción de encontrarse en un contexto que permite pocas novedades o la propia convicción acerca de la temporalidad de la legislación aprobada. También la repetición de argumentos empleados por las diversas formaciones políticas en las dos cámaras puede ser entendida en esta línea.

Siendo el tiempo, bien por las consecuencias de haber retrasado la transposición de las Directivas —especialmente, sobre la fase de consolidación de ese sistema común que difícilmente se puede abordar si no se implanta—, bien por haber transcurrido veinticinco años de la elaboración de la ley que se deroga o quince de una profunda modificación de la misma, bien por la cercanía de la Presidencia de la Unión Europea, una justificación de la decisión política, no resulta tan claro que sea igual de relevante desde otros puntos de vista. La regulación de derechos y libertades y de cuestiones complejas inherentes a esta materia aconsejaba una tramitación más sosegada de la que se ha observado, especialmente en el Senado y que, aunque eso no sea fácil debido a las condiciones constitucionales en que debe realizar su trabajo, adquiere más difícil encaje si quiere realmente efectuar aportaciones relevantes en la función legislativa, como ha ocurrido en este caso. Quizás algunas dificultades o insatisfacciones en la aplicación de la ley, provendrán de esta circunstancia.

3. Pertenencia a un grupo social y solicitud de asilo: el largo camino para la protección frente a la mutilación genital femenina[1]

Ana Salinas de Frías[2]

A finales del mes de junio de 2009, coincidiendo con la aprobación por parte del Congreso español del texto, la prensa se hacía eco de una nueva ley de asilo que amparaba "a niños y gays",[3] una curiosa lectura del primer texto legislativo en España[4] que adopta una perspectiva de género en relación con la protección de aquellas personas que, perseguidas por razón de raza, religión, nacionalidad, pertenencia a determinado grupo social u opiniones políticas, se encuentren fuera del país de su nacionalidad y no puedan o, por fundados temores, no quieran acogerse a la protección de dicho país o de aquél en el que, siendo apátridas, tengan su residencia habitual.[5]

---

1. La presente contribución ha sido publicada previamente en el número 14 de la Revista Europea de Derechos Fundamentales.
2. Profesora Titular de Derecho Internacional Público y Relaciones Internacionales, Universidad de Málaga; asesora jurídica de la Dirección de Asuntos Jurídicos y Derecho Internacional Público, Consejo de Europa. El presente estudio se enmarca dentro del proyecto de investigación del Plan Nacional I+D SEJ04769-2006/JURI.
3. http://www.elmundo.es/elmundo/2009/06/25/espana/1245928835.html
4. Vid texto de la Ley 12/2009, de 30 de octubre, reguladora del derecho de asilo y de la protección subsidiaria, BOE núm. 263, de 31/10/2009.
5. Vid Convención de UN sobre el estatuto de los refugiados, de 28 de julio de 1951, art.1.

La nueva ley, que viene a sustituir a la hasta ahora existente ley de 1984, reformada en 1994, ha cultivado una fama tal vez inmerecida de innovadora, como consecuencia de la incorporación de la influencia que el factor sexo u orientación sexual pueden tener en esos fundados temores de ser perseguido o en los motivos en la base de la huida, por parte del solicitante de asilo, de su país de origen o residencia.

Lo cierto es que el propósito fundamental de la ley es la incorporación en el ordenamiento jurídico español de las tres directivas que en materia de asilo se habían adoptado en el seno de la Unión Europea en 2003, 2004 y 2005, y cuyos plazos de transposición habían vencido, como se reconoce en la propia exposición de motivos del nuevo texto legal, y que ya se hacían eco de la necesidad de tomar en cuenta este elemento a la hora de regular el derecho de asilo, los requisitos para su reconocimiento y el proceso de solicitud.

Y también es cierto que esas directivas comunitarias no surgen en el vacío, sino que son fruto directo de la iniciativa adoptada por los Estados miembros, en el Consejo Europeo de Tampere en 1999, para responder a una de las necesidades inmediatas que el recién creado espacio europeo de libertad, seguridad y justicia imponía, y que nacía en una situación de alarma en la Europa comunitaria dado el crecimiento exponencial de los flujos migratorios hacia el mundo occidental.

II

En esos flujos migratorios, vistos desde el mundo rico como una invasión silenciosa y amenazante, que los países receptores contrarrestan con políticas de control, disuasión y represión, quedan enmascarados desplazamientos de personas que huyen de sus países de origen o residencia por persecución severa, o lo que el ACNUR ha calificado como flujos mixtos,[6] en los que los solicitantes de asilo se esconden, amparados en estos grupos, y se sirven de las vías y modos explorados por la inmigración ilegal.

---

6. La Organización Internacional de las Migraciones (OIM) ha definido los flujos mixtos como "movimientos de población complejos que comprenden solicitantes de asilo, refugiados, migrantes económicos y otros migrantes". Vid OIM: *Derecho Internacional sobre Migración, Glosario sobre Migración*, (2004), p. 42; http://www.iom.int/jahia/webdav/site/myjahiasite/shared/shared/mainsite/published_docs/serial_publications/greenbook7_spa.pdf

Al llegar a la frontera sufren el mismo tratamiento que el grupo con el que se desplazan, fracasando en muchos casos en su invocación del asilo ante las autoridades del país de llegada. A su vez, el temor a ser devuelto a un país de origen, en el que se pierde cualquier esperanza de supervivencia, ha animado a muchos inmigrantes ilegales a invocar una causa de persecución de las previstas en el Convenio de Ginebra a fin de, si no impedir, al menos retrasar la devolución al país de procedencia, la otra cara de una situación que, desde las dos perspectivas acaba redundando en una falta de confianza de las autoridades nacionales hacia la invocación del derecho de asilo y las causas alegadas en cada caso, y en la consiguiente devolución en ocasiones de personas con una trágica persecución a sus espaldas.

Sin embargo, el hecho de que, ante el reforzamiento cada vez mayor de los controles fronterizos del mundo industrializado, los refugiados y los solicitantes de asilo en muchas ocasiones utilicen los mismos medios de entrada en el país que los inmigrantes, frecuentemente ilegales, no les priva de su condición de personas perseguidas necesitadas de protección. Sin duda este fenómeno dificulta a los Estados, a la hora de reglamentar y de controlar *de facto* la entrada en territorio nacional, la tarea de reconocimiento y diferenciación de aquellas personas necesitadas de protección, pero no les exime de sus obligaciones, en especial de no devolución establecida en el Convenio de Ginebra. El hecho de haber viajado como parte de un flujo mixto por canales irregulares no debe privar al individuo de gozar de la protección especial que se reserva a los solicitantes de asilo, tal y como se ha puesto de manifiesto tanto desde el ámbito del asilo por parte del ACNUR,[7] como desde el ámbito de la regulación de los movimientos migratorios por parte de la OIM.[8] Un refugiado o un solicitante de asilo no altera su condición de tal por el hecho de llegar al país de asilo o refugio

---

7. Vid, entre otros, la *Agenda pour la protection*, A/AC.96/965/Add.1, de 26 junio 2002, adoptada en la 53 sesión del Comité ejecutivo; UNHCR, *Refugee protection and international migration, Rev.* 1, enero de 2007, en http://www.unhcr.org/home/ RSDLEGAL/44ca0f874.pdf; el conocido como Plan de los 10 Puntos para responder a los flujos migratorios mixtos, en http://www.acnur.org/biblioteca/pdf/ 4598.pdf; así como las actividades desarrolladas al respecto por el Comité Executif du Programme du Haut Commissaire, EC/58/SC/CRP.12, de 4 de junio 2007.

8. Vid OIM: *Refugee protection and migration control: perspectives from UNHCR and IOM*, EC/GC/01/11, de 31 mayo 2001; *Diálogo Internacional sobre la Migración de 2008. Los retos de la migración irregular: Encarar los flujos migratorios mixtos*, MC/INF/294, 7 Noviembre 2008.

como consecuencia de un flujo migratorio, aunque evidentemente cambie el contexto en el que la intervención del Estado de acogida se produce.

En el marco de estos flujos migratorios de la era de la globalización la mujer ha cobrado un protagonismo especial, a diferencia de los desplazamientos migratorios inmediatamente posteriores a la primera y segunda guerras mundiales, tanto como trabajadora migrante que se desplaza para obtener ingresos para su familia en trabajos y tareas *de facto* reservadas a su sexo —como fue el caso de la asistencia en el hogar en las décadas de los ochenta y noventa del siglo XX, o como cuidadoras o personal de asistencia y compañía para personas mayores y/o enfermas más recientemente—, como en muchos casos mujeres embarazadas que intentan dar a luz fuera de su país a fin de obtener, en virtud del *ius soli*, la nacionalidad del Estado de nacimiento para su futuro descendiente.

Sin embargo, la estadística migratoria femenina revela también la existencia de un volumen cada vez más importante de mujeres que, aprovechando la corriente migratoria, buscan la entrada en un país huyendo de una situación de grave violación de los derechos más esenciales, concurriendo además en su caso una serie de circunstancias que están en el origen de algunas de las más salvajes y horribles formas de maltrato, tortura y persecución posibles. La condición de mujer, con su innata naturaleza reproductiva, lleva inevitablemente aparejadas una serie de circunstancias, características y elementos que la hacen especialmente vulnerable a determinado tipo de aberraciones en materia de violación de derechos humanos como pueden ser la esclavitud sexual, el matrimonio forzoso, la esterilización, los embarazos y/o abortos forzosos, o la costumbre ritual de la mutilación genital femenina, entre otras formas destacables de malos tratos contra la mujer.

III

La violencia contra la mujer ha sido definida en términos amplios por la Declaración de Naciones Unidas sobre la eliminación de la violencia contra la mujer, como "[...] todo acto de violencia basado en la pertenencia al sexo femenino que tenga o pueda tener como resultado un daño o sufrimiento físico, sexual o sicológico para la mujer, así como las amenazas de tales actos, la coacción o la privación arbitraria de la libertad, tanto si se producen en la vida pública como en la vida privada",[9] dentro de la cual se considera incluida la mutilación genital femenina.[10] Como la Relatora

especial de Naciones Unidas para la violencia contra la mujer ha destaca-
do, las ideologías que justifican el uso de la violencia contra las mujeres
basan en muchos casos su construcción sobre la identidad sexual, defendiendo un control de la sexualidad de la mujer que garantice su castidad y
su sumisión al hombre que puede adoptar formas muy diferentes y que, en
general, la subordinan a todos y cada uno de los miembros masculinos de
la comunidad dentro de su grupo social: matrimonio, familiar nuclear,
familia amplia, vecindad, etc., esto es, al marido, hermano, padre, hijo, etc.
La manifestación más extrema de esta castidad, que puede adoptar formas
diferentes, es sin duda la mutilación genital femenina.[11] Y frente a un acto
semejante de violencia contra la mujer los Estados tienen, entre otras y
conforme al artículo 4 de la Declaración sobre la Eliminación de la
Violencia contra la mujer, la obligación de condenar dicha violencia, des-
cartando toda invocación de costumbre, tradición, religión o cultura que le
exima de la misma[12] y la obligación de utilizar todos los medios necesarios
para adoptar una política que la corrija sin ningún tipo de dilación, lo que

---

9. Vid A/RES/48/104, de 23 febrero 1994, art. 1.

10. Vid ibíd., art. 2, a).

11. Vid *Further Promotion and Encouragement of Human Rights and Fundamental
Freedoms, Including the Question of the Programme and Methods of Work of the
Commission. Alternative Approaches and Ways and Means within the United
Nations System for Improving the Effective Enjoyment of Human Rights and
Fundamental Freedoms. Preliminary report submitted by the Special Rapporteur on
violence against women, its causes and consequences, Ms. Radhika Coomaraswamy,
in accordance with Commission on Human Rights resolution 1994/45*,
E/CN.4/1995/42, de 22 noviembre 1994. Respecto de esta práctica concreta y sus
diferentes formas, desde la amputación parcial o total del clítoris, pasando por la esci-
sión hasta la infibulación, y los enormes riegos que conlleva para la salud de la mujer
como consecuencia de su realización por personal no sanitario, en condiciones higiénicas insuficientes, con instrumental primitivo tales como cuchillas de afeitar, trozos
de vidrio, navajas, tijeras, cuchillos o escalpelos, así como otros males derivados de
la misma tales como la aparición de fístulas especiales características de esta mutilación, infertilidad o la retención de orina entre otras muchas físicas y psicológicas vid
*Final Report of the Special Rapporteur on traditional practices affecting the health of
women and children, Mrs. Halima Embarek Warzazi*, E/CN/4/Sub.2/1991/6, así como
*Integration of the human rights of women and the geneder perspective. Violence
against women. Report of the Special Rapporteur on violence against women, its causes and consequences, Ms. Radhika Coomaraswamy, submitted in accordance with
Commission on Human Rights resolution 2001/49, Cultural practices in the family
that are violent towards women*, E/CN.4/2002/83, de 31 Enero 2002, § 12 y ss.

se compadece mal con muchas de las reservas introducidas en la ratificación de la citada CEDAW por parte de un importante grupo de Estados.[13]

Por otra parte, la existencia de dicha práctica está identificada por la OMS en un nutrido grupo de países, entre los que destacan: Somalia, Djibouti, Sudán, Etiopía, Egipto, Mali, Gambia, Ghana, Nigeria, Liberia, Senegal, Sierra Leona, Guinea, Guinea-Bissau, Burkina Faso, Benin, Costa de Marfil, Tanzania, Togo, Uganda, Kenya, Chad, República Centroafricana, Camerún, Mauritania, Malasia, Indonesia, Omán, Emiratos Árabes, India, Sri Lanka y Yemen,[14] y en las razones que justifican su realización está la reducción del deseo sexual y el placer de la mujer y, consiguientemente, la promoción de la virginidad y la castidad, así como proporcionar mayor placer sexual al marido. Como la relatora especial ha establecido, un hombre puede rechazar casarse con una mujer si no está previamente "operada", pues las mujeres no mutiladas se consideran impuras o "sucias", el clítoris puede llegar a ser considerado como venenoso y perjudicial para el feto en el momento del alumbramiento o para el hombre en la realización del coito, además de sostener que su supresión aumenta la fertilidad de la mujer.[15]

La protección específica que los instrumentos internacionales ofrecen respecto de esta práctica es sin embargo limitada, en la medida en que la

---

12. En este sentido, y frente a las argumentaciones basadas en el relativismo cultural esgrimidas por muchos Estados como base de las reservas realizadas a los convenios que protegen los derechos fundamentales de las mujeres, la relatora especial Ertük afirma: "(…) Cabe preguntarse si el derecho a la diferencia y a la especificidad cultural, consagrado en la libertad de religión y creencia, contradice la universalidad de los derechos humanos e la mujer. La pregunta podría plantearse de otra manera: ¿Es el control sobre la mujer y la reglamentación al respecto la única forma de mantener la especificidad y las tradiciones culturales? ¿es la cultura o la coacción patriarcal autoritaria y los intereses de la hegemonía masculina lo que viola los derechos humanos de la mujer en todas partes? ¿Está ejerciendo su derecho en nombre de la cultura el hombre que pega a su mujer? De ser así, ¿son la cultura, la tradición y la religión sólo propiedad del hombre? (…)". Vid E/CN.4/2004/66, de 26 Diciembre 2003, § 38.
13. Vid, entre otras, las de Argelia, Bahrein, Bangladesh, Brunei, Egipto, Iraq, Kuwait, Libia, Malasia, Mauritania, Marruecos, Nigeria, Pakistán, Qatar, Omán, Arabia Saudí, Siria, Túnez o Emiratos Árabes.
14. Vid E/CN.4/1995/42, cit. supra, § 146, y E/CN.4/2002/83, cit. supra, § 12.
15. *Vid E/CN.4/2002/83, § 14, cit. supra, así como el Informe de la OMS: Female Genital Mutilation - New Knowledge Spurs Optimism. Progress, No. 72, 2006, en* http://www.who.int/reproductive-health/hrp/progress/72.pdf

Convención para la eliminación de toda forma de discriminación contra la mujer (CEDAW), limitada por su propio ámbito de actuación, sólo se refiere a ella de forma indirecta, al pedir a los Estados que adopten todas la medidas necesarias para erradicar prácticas consuetudinarias discriminatorias contra la mujer y que perpetúen patrones culturales de conductas que aseguran la primacía del hombre sobre la mujer.[16] Algo más explícito y contundente se ha mostrado el Comité para la eliminación de toda forma de discriminación contra la mujer que, en su Recomendación general núm. 14, ha abordado expresamente el tema de la mutilación genital femenina, recomendando a los Estados su erradicación mediante la información, el establecimiento de programas específicos de salud, el apoyo a grupos activistas o a políticos contrarios a esta práctica, pero sobre todo la obligación de los Estados de informar acerca de las medidas adoptadas a tal fin. Unas pautas completadas con las realizadas en la Recomendación general núm. 19, que abunda en el mismo sentido, insistiendo en el deber del Estado de impedir dichas conductas ya sean realizadas por agentes estatales o privados.[17]

Lo cierto es que esta terrible realidad ha provocado la huída de mujeres de sus respectivos países de origen o de refugio y que la causa de la mutilación genital femenina se ha convertido, no sin razón, en un argumento recurrente en las solicitudes de asilo presentadas en diversos países, entre ellos también en España.

IV

Sin embargo, las causas de persecución previstas en la Convención de 1951, conforme a la problemática a la que pretendían dar respuesta en el momento de su adopción, no contemplan ningún tipo de alusión ni hacen referencia al género o a la condición de hombre, mujer, homosexual o transexual, conforme a las condiciones y tipos sociales imperantes en aquel momento. Tampoco el Manual elaborado por el ACNUR sobre procedimientos y criterios para la concesión de asilo, elaborado en 1979 y revisado en 1992, tuvo en cuenta este posible tipo de persecución.[18] A este res-

---

16. Vid artículos 2, f), 5, a) y 10, c) de la CEDAW.
17. Vid ambas recomendaciones en: http://www.un.org/womenwatch/daw/cedaw/recommendations/recomm-sp.htm
18. Vid *Handbook on Procedures and Criteria for Determining Refugee Status under the*

pecto, si bien el manual resulta útil y esclarecedor, en especial desde un punto de vista práctico, respecto de qué debe entenderse por persecución o cómo interpretar los diferentes motivos de persecución contemplados en el Convenio, a la hora de desarrollar el hecho de la pertenencia a un grupo social como causa posible de asilo ninguna referencia hace al género, siendo el comentario a esta causa el más breve. En este sentido, el manual considera que la pertenencia a un grupo social en particular se cifraría normalmente en un conjunto de personas de origen, hábitos o estatus social similar, y partiendo de la base de su improbable autonomía como causa única justificativa de la solicitud de asilo sino sólo en combinación con otra u otras de las causas convencionalmente previstas,[19] dirige su atención hacia el riesgo de pertenencia a un grupo desde el punto de vista de las convicciones políticas, entendiendo que: "[...] Membership of such a particular social group may be at the root of persecution because there is no confidence in the group's royalty to the Government or because the political Outlook, antecedents or economic activity of its members, or the very existence of the social Group as such, is held to be an obstacle to the Government's policies [...]"; un planteamiento que en nada se aproxima a la situación suscitada en el caso de las solicitantes de asilo con base en el riesgo de consumación de la mutilación genital.

En esta situación, se ha impuesto la construcción ex novo un razonamiento *ad hoc* en el caso de este tipo de demandas de asilo que satisfaga los criterios restrictivos del Convenio. A tal efecto, y en consonancia con las directrices del manual, ha sido necesario argumentar la existencia de un motivo fundado de temor a ser perseguido, teniendo especialmente en cuenta, como se aconseja, que el temor del/de la solicitante de asilo es un elemento subjetivo que exige analizar las causas a la luz de la experiencia personal, las condiciones específicas, las vivencias y el estado mental y anímico del/ de la solicitante, lo que impone ante todo una evaluación de sus declaraciones más que un juicio sobre la situación existente en su país de origen,[20] que en estos casos resulta de vital importancia. En el supuesto

---

1951 Convention and the 1967 Protocol relating to the Status of Refugees, HCR/IP/4/Eng/REV.1, Reedited, Geneva, January 1992, UNHCR 1979.

19. En este sentido el § 79 establece: "Mere membership of a particular social group will not normally be enough to substantiate a claim to refugee status. There may, however, be special circumstances where mere membership can be a sufficient ground to fear persecution".

20. Vid *Handbook on procedures...*, cit. supra, § 37 y 38.

de las solicitantes de asilo que huyen de una mutilación genital consumada o en ciernes, son fundamentales las circunstancias personales que rodean a la mujer en cuestión, la implicación de aquellas personas más cercanas a la solicitante, las posibilidades que la víctima potencial o real percibe para escapar a esa situación y su sensación de desprotección frente a la amenaza. Por otro lado habrá que tener muy en cuenta las dificultades para relatar los pormenores de la causa de temor, en especial cuando se trata de exponer dichas circunstancias a los agentes aduaneros o de inmigración o a intérpretes de sexo masculino, ante los que las mujeres en esta situación pueden tener problemas para describir su situación por tener que desvelar aspectos muy íntimos de su sexualidad, un factor que en la cultura de la que proceden es impensable compartir con un hombre.

Este elemento subjetivo será no obstante corregido por la segunda condición establecida por el Convenio, en la medida en que el temor debe ser "fundado", o lo que es lo mismo, es necesario realizar una evaluación de las declaraciones realizadas por la solicitante y, si bien las autoridades del país en el que se solicita el asilo no están obligadas a enjuiciar las condiciones existentes en el país de origen de la solicitante, sin embargo dichas declaraciones no pueden ser valoradas en abstracto, sino que han de ser interpretadas en el contexto en el que se producen. En este sentido, tal y como el propio ACNUR ha establecido, si el conocimiento de las circunstancias del país de origen no son un objetivo en sí mismo, se trata sin embargo de un elemento esencial en la valoración de la credibilidad de las manifestaciones de la solicitante, en la medida en que dichas circunstancias permitan concluir que su permanencia en dicho país ha devenido imposible para ella o serían imposibles en caso de volver.[21] En esta valoración tendrán relevancia no sólo el relato de las experiencia propias de la víctima, sino que habrán de tenerse en cuenta también de forma especial lo que haya ocurrido en relación con dicho temor a familiares cercanos, amigos o personas del mismo grupo social, y que en definitiva servirán para valorar si antes o después la solicitante puede convertirse en víctima de tal persecución y si, por lo tanto, sus temores son fundados.[22]

De igual forma la tramitación de las solicitudes de asilo por parte de víctimas consumadas o potenciales de mutilación genital femenina presenta alguna especificidad que no encontraban acomodo en las directrices esta-

---

21. Vid *Handbook* ..., cit. supra, § 42.
22. Vid ibíd.., § 43.

blecidas por el ACNUR a comienzos de la década de los 90; de hecho una situación extremadamente delicada como ésta no fue prevista en los considerandos como casos difíciles que podían plantear problemas a la hora de establecer los hechos, un punto de partida que ha sido rápidamente desmentido por la realidad.[23]

Suele ocurrir también en el ámbito del derecho, sin embargo, que la realidad supere a las previsiones legalmente establecidas, y la aparición de una serie de solicitudes de asilo por parte de mujeres que habían sufrido mutilación genital en sus países de procedencia o corrían serio riesgo de padecer en caso de permanecer en ellos puso a los tribunales de justicia en la necesidad de decidir sobre la concesión o no de asilo con base en este motivo, y tras la reiteración de una serie de precedentes el propio ACNUR proporcionó la forma de incluir estas situaciones en un tratado internacional que no había podido tenerlas en cuenta en el momento de su adopción, estableciendo unas directrices en relación a posibles persecuciones basadas en el género y la forma de incardinar dichas demandas en el espíritu del art. 1 (2) del Convenio de Ginebra, adaptando dicha definición de refugiado a situaciones de persecución cuyo elemento desencadenante tenía que ver esencialmente con el sexo, así como una modificación de los procedimientos previstos,[24] permitiendo reconducir, como ya lo había hecho por otra parte la jurisprudencia existente hasta el momento de los tribunales nacionales, la solicitud de asilo al temor de ser perseguido como consecuencia de la pertenencia a un grupo social particular, dotando de contenido a una cláusula para la que ni siquiera las directrices posteriores de ACNUR habían concedido gran trascendencia.

En este sentido, la Agencia ha definido al grupo social particular como: "[…] a Group of persons who share a common characteristic other than the

---

23. En principio sólo estaban previstos como casos especialmente difíciles en la tramitación del procedimiento los supuestos de solicitantes afectados por deficiencias mentales (p. 206-212) y los de menores no acompañados (213-219).

24. Vid UNHCR *Guidelines on International Protection: Gender-Related Persecution within the Context of Article 1A(2) of the 1951 Convention and/or its 1967 Protocol relating to the Status of Refugees*, HCR/GIP/02/01, de 7 mayo 2002. Estas directrices han sido completadas en 2008 para incluir aquellas persecuciones que pueden fundamentar una solicitud de asilo desencadenadas como consecuencia de una determinada orientación sexual. Vid UNHCR *Guidance Note on Refugee Claims Relating to Sexual Orientation and Gender Identity*, November 21, 2008, en http://www.refworld.org

risk of being persecuted, or who are perceived as a Group by society. The characteristic will often be one which is innate, unchangeable, or which is otherwise fundamental to identity, conscience or the exercise of one's human rights". Una definición de la que el propio ACNUR deduce que: "It follows that sex can properly be within the ambit of the social group category, with women being a clear example of a social subset defined by innate and immutable characteristics, and who are frequently treated differently than men. Their characteristics also identify them as a group in society, subjecting them to different treatment and standards in some countries [...]".[25]

Y en lo que hace a la tramitación se ha procedido a la corrección de aquellas directrices que sólo pensaban en deficientes mentales o menores no acompañados, recogiendo ahora con sentido común la especial dificultad que la denuncia de los hechos constitutivos de la persecución y su relato en toda su extensión puede suponer, entre otras causas por la vergüenza a relatarlos, el trauma de recordarlo, o el temor al rechazo o las represalias de la familia, la comunidad o las propias autoridades. De ahí que, a partir de este reconocimiento, el ACNUR incluya una serie de aspectos específicos en la tramitación de solicitudes de asilo especialmente de mujeres, que contemplen al menos las siguientes medidas: entrevista individual y de forma separada, sin la presencia de agentes de sexo masculino; conceder la posibilidad de disponer de intérpretes para poder expresarse en su propia lengua y que sean igualmente de sexo femenino; obligación de asegurar expresamente a la solicitante de asilo por esta causa la estricta confidencialidad en el tratamiento de su solicitud y que la información por ella proporcionada nunca será revelada a miembros de su familia; y por último la angustia, emoción o grado de afección de la solicitante de asilo a la hora de exponer su caso no deberán ser tomados en cuenta por el entrevistador para valorar la credibilidad de su relato, debiendo concederse la importancia adecuada a las prácticas semejantes a las relatadas por la solicitante de asilo desarrolladas en su país de procedencia.

Con ser una evolución muy positiva, no puede obviarse el camino recorrido por las solicitantes de asilo que han padecido este tipo de persecución hasta conseguir la cristalización de una nueva dimensión de la condición de refugiado inicialmente no contemplado en el Convenio de Ginebra.

---

25. Vid ibíd., § 29-30.

V

La determinación de la inclusión de la violencia contra la mujer como posible causa de temor fundado constitutivo de persecución a los efectos de la concesión de asilo exigía la definición previa de qué se entiende por "grupo social determinado", una cuestión que se planteó por vez primera ante los tribunales americanos (Board of Immigration Appeal, BIA) en el caso *Acosta*.[26] Apreciando que un elemento constante en todas las demás causas de persecución previstas en el Convenio era el hecho de compartir una característica inmutable e innata, común a todos los miembros del grupo, el tribunal decidió incluir en su enumeración el sexo:

"Applying the doctrine of ejusdem generis, we interpret the phrase "persecution on account of membership in a particular social group" to mean persecution that is directed toward an individual who is a member of a group of persons all of whom share a common, immutable characteristic. The shared characteristic might be an innate one such as sex, color, or kinship ties, or in some circumstances it might be a shared past experience such as former military leadership or land ownership. The particular kind of group characteristic that will qualify under this construction remains to be determined on a case-by-case basis. However, whatever the common characteristic that defines the group, it must be one that the members of the group either cannot change, or should not be required to change because it

---

26. *Matter of Acosta*, Int. Dec. 2986 (BIA 1985), profusamente citado con posterioridad por los tribunales supremos de Canadá (*Attorney General v. Ward*, 2 S.C.R. 689 (Tribunal Supremo de Canadá, 1993); o en el Reino Unido, en *Islam (A.P.) v. Secreatry of State* (1999) 2 W.L.R. 1015 (House of Lords). Se trataba en este caso de un nacional salvadoreño solicitante de asilo a las autoridades norteamericanas como consecuencia del temor a ser atacado, por su condición de fundador de la cooperativa COTAXI, por la guerrilla salvadoreña que ya había tacado y asesinado a varios miembros de la cooperativa por negarse a colaborar con ellos. La decisión puede encontrarse en: http://www.unhcr.org/refworld/country,,USA_BIA,,SLV,4562d94e2,3ae6 b6b910,0.html. Para un análisis general del conjunto de la jurisprudencia norteamericana en la materia vid KELLY, N.: "Gender-Related Persecution: Assesing the Asylum Claims of Women", 26 *Cornell Int'l L.J.* (1993), pp. 625 y ss; y en relación a la jurisprudencia de otros Estados en la materia vid FULLERTON, M.: "A Comparative Look at Refugee Status Based on Persecution Due to Membership in a Particular Social Group", 26 *Cornell Int'l L.J.* (1993), pp. 505 y ss.

is fundamental to their individual identities or consciences. Only when this is the case does the mere fact of group membership become something comparable to the other four grounds of persecution under the Act, namely, something that either is beyond the power of an individual to change or that is so fundamental to his identity or conscience that it ought not be required to be changed. By construing "persecution on account of membership in a particular social group" in this manner, we preserve the concept that refuge is restricted to individuals who are either unable by their own actions, or as a matter of conscience should not be required, to avoid persecution".[27]

A partir de este momento se entendió establecida una definición jurisprudencial vinculante[28] que fue contradicha, no obstante, por alguna decisión jurisprudencial posterior, lo que enfrentó el llamado "test de las características innatas" o doctrina *Acosta* al nuevo razonamiento planteado en *INS v. Sanchez-Trujillo*,[29] en el que el tribunal prefirió definir el "grupo social determinado" como:

"[…] a collection of people closely affiliated with each other, who are actuated by some common impulse or interest. Of central concern is the existence of a voluntary associational relationship among the purported members, which imparts some common characteristic that is fundamental to their identity as a member of that discrete group".

Una definición inconsistente con el test establecido en *Acosta*, pues el requisito de características inmutables es incompatible con la asociación voluntaria[30] y que suponía establecer como requisito previo al reconoci-

---

27. Vid *Matter of Acosta*, cit. supra, § 31.
28. La llamada *doctrina Acosta* o el "test de las características inmutables" fue aplicado de forma sistemática por los tribunales americanos, como lo demuestran los casos: *Lwin v. INS*, 144 F.3d 505, 512 (7th Cir. 1998); Meguenine v. INS, 139 F.2d 25, 28 n.2 (1st Cir. 1998); *Fatin v. INS*, 12 F.3d 1233, 1239-41 (3d Cir. 1993); *Gebremichael v. INS*, 10 F.3d 28, 36 (1st Cir. 1993); *Álvarez-Flores v. INS*, 909 F.2d 1, 7 (1st Cir. 1990); *Ananeh-Firempong v. INS*, 766 F. 2d 621, 626 (1st Cir. 1985).
29. Vid INS v. Sánchez-Trujillo, 801 F.2d 1571, 1576 (9th Cir. 1986).
30. Vid en este sentido la crítica de KELLY, N.; "Gender-related Persecution: Assesing the Asylum Claims of Women", 26 *Cornell Int'l. L.J.* (1993), pp. 625 y ss, en especial vid p. 651

miento de la existencia de un grupo social determinado una asociación voluntaria entre los posibles miembros del grupo, un criterio especialmente perjudicial en el caso de la violencia contra la mujer y en concreto en los supuestos de mutilación genital femenina.

En esta situación se presentó, en 1996, el caso *Kasinga*, en el que una mujer natural de Togo, de 17 años de edad y perteneciente a la tribu Tchamba-Kunsuntu, que iba a ser entregada en matrimonio como cuarta esposa a un antiguo político de 45 años de edad, debía someterse obligatoriamente a la previa ablación del clítoris, situación a la que escapó con la ayuda de una hermana, presentando solicitud de asilo ante las autoridades de Estados Unidos con base en un fundado temor a ser perseguida por su pertenencia a un grupo social determinado. La solicitud fue denegada en primera instancia y revisada posteriormente por el BIA. En la decisión del BIA la primera cuestión analizada fue la concurrencia del requisito necesario para la concesión de asilo: pertenencia a un grupo social determinado. En este sentido, y aplicando el criterio establecido en *Acosta*, el BIA, identificando el sexo como una característica inmutable e innata sobre la base de la cual se puede definir un grupo social determinado, estableció la pertenencia de Fauziya Kasinga al grupo social de "mujeres jóvenes pertenecientes a la tribu Tchamba-Kunsuntu, que no había padecido aún la mutilación genital ritual practicada por dicha tribu y que se oponía a ella",[31] manifestando expresamente seguir el criterio establecido en *Acosta* y, por tanto, entendiendo que las características de ser mujer y miembro de la citada tribu eran inmutables y que, adicionalmente: "The characteristc of having intact genitalia is one that is so fundamental to the individual identity of a young woman that she should not be required to change it".[32] Una vez establecida la pertenencia a un grupo social determinado, el tribunal analizó si existía persecución, valorando, en primer lugar, la extremada dureza y gravedad de la mutilación genital femenina y los riesgos para la salud derivados de ella y, en segundo lugar, la forma específica de mutilación practicada en dicha tribu, una de las más extremas, aceptando finalmente la existencia de persecución como consecuencia de su pertenencia a un grupo social determinado.

A partir de entonces, y a pesar de que dicho razonamiento se ha consolidado como precedente, la evolución jurisprudencial de los tribunales

---

31. Vid *Matter of Kasinga*, cit. supra, § 365; el texto de la sentencia se puede encontrar en: http://oppenheimer.mcgill.ca/IMG/pdf/Fauziya.pdf

32. Vid *Matter of Kasinga*, cit, supra, § 366.

americanos no sólo ha sido oscilante,[33] sino que ha distinguido de forma peligrosa entre aquellas solicitantes de asilo temerosas de ser "circuncidadas" y aquellas demandantes de asilo ya "operadas", entendiendo en algunas de estas resoluciones que en el segundo caso no es motivo suficiente alegar la mutilación genital ya sufrida como causa de persecución amparada por el Convenio en la medida en que ya no es posible volver a sufrir dicha situación,[34] un razonamiento que, además de falso,[35] olvida que la mutilación genital femenina no se agota en el sólo momento de practicarse, sino que genera daños permanentes en la mujer que la sufre y que, por lo tanto, debe considerarse como persistente.[36] En todo caso es destacable la tendencia a la consideración jurídica de la mutilación genital femenina como una forma de tortura, precisamente como consecuencia del horror padecido y de las secuelas que produce, por lo que en ese caso la persecución no decaería nunca;[37] de alguna manera, la casación de las sentencias desestimatorias del asilo por parte del BIA decretada por la jurisdicción federal, en este caso el 2nd Circuit, viene de momento a desestimar ese doble rasero entre la mujer que ha sufrido de hecho la mutilación y que, por tanto, no obtendría la protección del asilo, y aquella amenaza de padecerlo que podría, en caso de demostrar los demás elementos requeridos, gozar de dicha protección.[38]

---

33. Vid al respecto MUSALO, K. & KNIGHT, S.: "Gender-based asylum: an analysis of recent trends", 77 *Interpreter Releases* 1533 (October 30, 2000); KNIGHT, S.: "Seeking Asylum From Gender Persecution: Progress Amid Uncertainty", en 79 *Interpreter Releases* 689 (May 13, 2002).

34. Vid Matter of A - T, 24 I. & N. Dec. 296 (BIA 2007) y comentario de FRYDMAN, L. & SEELINGER, K.T.: "Kasinga's Protection Undermined? Recent Developments in Female Genital Cutting Jurisprudence, 13 *Bender's Immigration Bulletin* 1073 (September 1, 2008).

35. Es posible, por ejemplo, volver a practicar la infibulación cuando ha sido necesario volver a abrir la vagina de una mujer previamente mutilada e infibulada para dar a luz a un hijo. Vid entre otros *Mohammed v. Gonzales*, 400 F.3d 785 (9th Cir. 2005).

36. Vid *Mohammed v. Gonzales*, cit. supra; *Hassan v. Gonzales*, 484 F.3d 513 (8th Cir. 2007)

37. Vid RICE, M.: "Protecting Parents: Why Mothers and Fathers Who Oppose Female Genital Cutting Qualify For Asylum", *Immigration Briefings* (November 2004) y jurisprudencia allí citada. En el mismo sentido se pronuncia la Relatora especial de Naciones Unidas para la violencia contra la mujer, vid E/CN.4/2003/75, cit. supra, § 67.

38. Vid *S - A - K* y *H - A - H*, 24 I. & N. Dec. 464 (2008)

De otra parte tampoco se ha admitido la solicitud de asilo planteada por padre o madre de una menor susceptible de ser sometida a mutilación genital en caso de que su progenitor sea devuelto a su país de origen, entendiendo en esta caso que se trata de obtener asilo por vía "derivativa" esto es, basado en el riesgo potencial de mutilación de la hija que nada tiene que ver con la presencia ilegal del progenitor/a en el país que deniega el asilo, y rechazando igualmente que la mutilación genital femenina obligatoria de una hija constituya daño alguno para el progenitor y que por tanto pueda ser alegada como causa de persecución.[39]

VI

La jurisprudencia de los tribunales norteamericanos ha sido seguida en solicitudes similares en Canadá,[40] Reino Unido[41] o Australia[42] donde, desde la aparición de las primeras demandas en este sentido, se adoptaron direc-

---

39. Vid *Matter of A - K*, 24 I. & N. Dec. 275 (BIA 2007), y comentario por FRYDMAN & SEELINGER, cit. supra. Así mismo, alguna jurisprudencia interna ha denegado el asilo "derivativo", esto es, a progenitores, por el riesgo de que sus hijas puedan sufrir mutilación genital al ser deportada la familia a su país de origen, pero si ha considerado dicha denegación contraria a los derechos humanos, en concreto al art. 3 CEDH, por considerar la mutilación genital femenina como un trato degradante. Vid *M.H. & Others*, (2002) U.K. Immigration App. Trib. 02691, § 13, en: http://www.bailii.org/uk/cases/UKIAT/2002/02691.html

40. Vid caso Ward, cit. supra. Para un comentario general vid The Committee on Immigration and Nationality Law of Association of the Bar of the City of New York: *Gender-Related Asylum Claims and the Social Group Calculus: Recognizing Women as a 'Particular Social Group' per se"*, March 27, 2003, en http://www.cgrs.uchastings.edu/law.

41. Vid Islam & Shah (1999), 2 All E.R., p. 556; para un comentario general vid ANKER, D.: "Defining 'particular social group' in Terms of Gender: The Shah Decision and U.S. Law", en 76 *Interpreter Releases* 1005 (July 2, 1999), y *Gender-related Asylum Claims and the Social Group Calculus...* cit supra.

42. En el caso de Australia el Department of Immigration and Multicultural Affairs adoptó en 1996 las Refugee and Humanitarian Visa Applicants: Guidelines on Gender Issues for Decision Makers, que pueden consultarse en http://cgrs.uchastings.edu/documents/legal/guidelines_aust.pdf , como corolario a la jurisprudencia iniciada en el caso N93/00656, *Australian Refugee Review Tribunal*, August 3, 1994, en: http://www.unhcr.org/refworld/country,,AUS_RRT,,PHL,,3ae6b67f30,0.html. Para un comentario al respecto vid *Gender-Related Asylum Claims ans the Scial Group Calculus...* cit supra, p. 16.

trices nacionales,[43] a fin de sensibilizar a los funcionarios encargados de atenderlas de la gravedad de las situaciones denunciadas. En algunos casos esta jurisprudencia, consolidada después en las respectivas directrices nacionales adoptadas sobre asilo y género, presenta un alcance incluso más generoso, en la medida en que la visión elegida, a la hora de proteger a la mujer y aceptar solicitudes de asilo basadas en una persecución desarrollada en lo esencial y de forma específica con el sexo, ha incluido también situaciones de violencia doméstica.[44] O lo que es lo mismo, el nexo imprescindible de pertenencia a un grupo social determinado se ha interpretado de forma más amplia.

Es en este contexto de iniciativas nacionales en el que se enmarcan las directrices específicas adoptadas por ACNUR en materia de género,[45] como complemento al manual de aplicación en materia de asilo. Las directrices parten de dos postulados de base para llevar a cabo esta evolución: el desarrollo de una jurisprudencia sensible a cuestiones de género en diferentes países, como se acaba de exponer, y los nuevos desarrollos en el ámbito de la protección de los derechos humanos y los estándares de pro-

---

43. Canadá fue el primer país en adoptar directrices nacionales en este sentido. Las *Guidelines Issued by the Chair Person Pursuant to Section 65 (3) of the Immigration Act,* dictadas en 1996 por el Immigration and Refugee Board of Canada, en especial la Guideline 4, *Women Refugee Claimants Fearing Gender-Related Perssecution* pueden consultarse en: http://www.irb.gc.ca/en/about/guidelines/ women/. Para un estudio en profundidad de las mismas vid MACKLIN, A.: "Refugee Women and the Imperative of Categories", 17 *Human Rights Quarterly* (1995), pp. 213 y ss. El ejemplo canadiense ha sido seguido por Estados Unidos en sus "Considerations for Asylum Officers Adjudicating Asylum Claims from Women", INS Memorandum from the Office of International Affairs, May 26, 1995, en *Interpreter Releases* 771 (June 5, 1995), en http://cgrs.uchastings.edu/law, comentadas por KELLY, N.: "Guidelines for Women's Asylum Claims", 71 *Interpreter Releases* 813 (June 27, 1991), e IBÍD. en: http://ijrl.oxfordjournals.org/cgi/content/abstract/6/4/517. En el año 2000 la instancia de apelación en materia de inmigración del Reino Unido se sumó a esta iniciativa adoptando igualmente unas directrices. Las directrices británicas, *Asylum Gender Guidelines, dictadas en 2000 por la UK Immigration Appellate Authority,* pueden consultarse en http://www.unhcr.org/refworld/category,POLICY, GBR_AIT,,,3ae6b3414,0.html

44. Es el caso especialmente de las directrices adoptadas en Estados Unidos y en Canadá.

45. Vid UNHCR: *Guidelines on International Protection: Gender-Related Persecution within the context of Article 1ª(2) of the 1951 Convention and/or its 1967 Protocol relating to the Status of Refugees,* HCR/GIP/02/01, 7 May 2002.

tección, así como en las disposiciones estatutarias y la jurisprudencia desarrollada por ciertos tribunales internacionales, especialmente en el caso de los tribunales penales para la antigua Yugoslavia y Ruanda y el estatuto de la Corte Penal Internacional.

Las directrices aportan cierta luz a la hora de determinar los elementos más controvertidos en las situaciones consideradas. En este sentido, y por lo que hace al nexo causal, uno de los elementos más difíciles de determinar en solicitudes de asilo basadas en el sexo, las directrices establecen claramente dicho nexo en una concepción generosa del mismo, ya se trate de una persecución por parte del Estado o ya sea por parte de agentes no estatales:

> "In many gender-related claims, the difficult issue for a decision-maker may not be deciding upon the applicable ground, so much as the causal link: that the well-founded fear of being persecuted was for reasons of that ground. Attribution of the Convention ground to the claimant by the State or non-State actor of persecution is sufficient to establish the required causal connection. In cases where there is a risk of being persecuted at the hands of a non-State actor (e.g. husband, partner or other non-State actor) for reasons which are related to one of the Convention grounds, the causal link is established, whether or not the absence of State protection is Convention related. Alternatively, where the risk of being persecuted at the hands of a non-State actor is unrelated to a Convention ground, but the inability or unwillingness of the State to offer protection is for reasons of a Convention ground, the casual link is also established".[46]

A continuación ofrece también unos criterios suficientemente amplios en la identificación de la pertenencia a o existencia de un grupo social determinado, adoptando básicamente, aunque no en exclusiva, la doctrina Acosta o de las características innatas, al establecer:

> "[…] a particular social group is a group of persons who share a common characteristic other than their risk of being persecuted, or who are perceived as a group by the society. The characteristic will often be one which is innate, unchangeable, or which is otherwise fundamental to identity, conscience or the exercise of one's human rights".[47]

---

46. Vid ibíd., § 20-21.
47. Ibíd., § 29.

En todo caso incluye al sexo como elemento inequívoco de determinación de la existencia o pertenencia a un grupo social determinado:

> "It follows that sex can properly be within the ambit of the social group category, with women being a clear example of a social subset defined by innate and immutable characteristics, and who are frequently treated differently than men. Their characteristics also identify them as a group in society, subjecting them to different treatment and standards in some countries [...]",[48]

Y ello con un criterio más amplio incluso que la propia jurisprudencia hasta aquí desarrollada, que aún intentaba acotar, dentro del grupo social "mujeres", un grupo más restringido al que pudiese pertenecer la solicitante de asilo.

Finalmente, la Agencia establece también unas directrices respecto al aspecto procedimental de la solicitud de asilo, que pueden ser de especial relevancia en las demandas presentadas por mujeres que alegan ser perseguidas como consecuencia de su sexo, y de manera muy específica en relación con las solicitantes de asilo que han sufrido o corren el riesgo de sufrir mutilación genital. A tal efecto se insiste en que la entrevista sea individual y privada, que se asegure la presencia de agentes e intérpretes de sexo femenino, en la necesaria sensibilidad hacia este tipo de víctimas a la hora de recrear el relato de los hechos, asegurar el secreto absoluto de la persecución narrada y la no comunicación de ninguna de las informaciones ofrecidas a ningún miembro de su familia, así como la necesidad, según el caso, de mantener sucesivas entrevistas hasta poder obtener toda la información necesaria, sin que el estrés emocional mostrado por la solicitante pueda ser tenido en cuenta en contra de una mayor credibilidad de su relato. Y si bien no se exige ninguna prueba documental en orden a aceptar la solicitud de asilo en estos casos, la información acerca de las prácticas y la evolución en estas materias en el país de origen revisten una importancia especial.[49]

Estas directrices han sido completadas en 2008 en relación a la incidencia, en la concesión del asilo, de la orientación sexual y la identidad sexual como motivos de persecución a incluir en el criterio de la pertenencia a un

48. Vid ibíd., § 30.
49. Vid § 36.

grupo social determinado.[50] En la misma línea se pronuncian las directivas comunitarias en materia de asilo, adoptadas progresivamente tras el Consejo Europeo de Tampere como parte de la regulación del Espacio Europeo de Libertad, Seguridad y Justicia y con el objetivo de establecer una regulación mínima común en materia de asilo que desde sus comienzos ha incluido la violencia de género como causa posible de asilo.[51] No sólo porque tanto en la Directiva sobre requisitos para el reconocimiento de la condición de refugiados de 2004,[52] como en la Directiva sobre los procedimientos para la obtención de dicha condición[53] se establece el respeto e inspiración en las directrices adoptadas al respecto por el ACNUR, en tanto que órgano delegado del control de la Convención de Ginebra de 1951 y su Protocolo Adicional, así como su participación activa en dichos procesos,[54] siendo así que éste ya había decidido sus propias orientaciones prácticas en la materia contemplando esta situación, sino también porque en el cuerpo normativo de ambas Directivas se contempla expresamente como situación diferenciada este tipo de casos.

---

50. Vid UNHCR *Guidance note on Refugee Claims Relating to Sexual Orientation and Gender Identity*, 21 November, 2008.

51. No obstante, el conjunto de la normativa comunitaria no ha sido valorada muy positivamente por el ACNUR, instando a la UE y a sus Estados Miembros a tener en cuenta una serie de elementos mínimos a la hora de decidir los criterios en relación con la entrada de inmigrantes y la solicitud de protección por parte de personas perseguidas. Vid *Discussion Paper, Reconciling Migration Control and Refugee Protection in the European Union: a UNHCR Perspective*, así como *Diez Años después de Tampere. Recomendaciones del ACNUR a Suecia para su Presidencia de la Unión Europea (Junio a Diciembre de 2009)*.

52. Directiva 2004/83/CE del Consejo, de 29 de abril de 2004, por la que se establecen normas mínimas relativas a los requisitos para el reconocimiento y el establecimiento de nacionales de terceros países o apátridas como refugiados o personas que necesitan otro tipo de protección internacional y al contenido de la protección concedida, DOUE L 304, 30/09/2004. Con carácter previo se había adoptado la Directiva 2003/86/CE del Consejo, de 22 de septiembre de 2003, sobre el derecho a la reagrupación familiar, DOUE L 251, 03/10/2003, que contempla de forma específica las condiciones y procedimiento de reagrupación en el caso de familiares de una persona a la que se ha reconocido la condición de refugiado (arts. 9-12).

53. Directiva 2005/85/CE del Consejo, de 1 de diciembre de 2005, sobre normas mínimas para los procedimientos que deben aplicar los Estados miembros para conceder o retirar la condición de refugiado, DOUE L 326, 13/12/2005.

54. Vid Directiva 2004/83/CE, considerando (15) y Directiva 2005/85/CE, considerando (13) y arts. 8.2, b), 10.c). y 21.

Así, a la hora de establecer los requisitos mínimos para el reconocimiento de la protección internacional brindada por la Directiva, en la evaluación de la solicitud de protección internacional habrá de tener necesariamente en cuenta, de una parte todos los hechos relativos al país de origen en el momento de resolver sobre la solicitud, incluidas la legislación y la reglamentación de éste y el modo en que se aplican; y de otra parte la situación particular y las circunstancias personales del solicitante, incluidos factores tales como su pasado, sexo y edad, a fin de evaluar de forma individualizada si dichos actos constituyen persecución a los efectos de la concesión de la citada protección.[55]

Por su parte el art. 10 acoge, entre las causas tasadas de persecución establecidas por el Convenio, la pertenencia a un grupo social determinado, que define de forma amplia, de acuerdo con la jurisprudencia sentada en Acosta, de la siguiente forma:

> "d) se considerará que un grupo constituye un determinado grupo social si, en particular: – los miembros de dicho grupo comparten una característica innata o unos antecedentes comunes que no pueden cambiarse. O bien comparten una característica o creencia que resulta tan fundamental para su identidad o conciencia que no se les puede exigir que renuncien a ella, y dicho grupo posee una identidad diferenciada en el país de que se trate por ser percibido como diferente por la sociedad que lo rodea".

Y para que quede claro que el sexo se cuenta como uno de esas posibles características innatas, el artículo añade:

> "En función de las circunstancias imperantes en el país de origen, podría incluirse en el concepto de grupo social determinado un grupo basado en una característica común de orientación sexual [...] Podrán tenerse en cuenta aspectos relacionados con el sexo de la persona, sin que ellos por sí solos puedan dar lugar a la presunción de aplicabilidad del presente artículo".

En todo caso y para temperar las prevenciones al reconocimiento del grupo social como tal y, por tanto, de la correspondiente protección, la Directiva, que ha aceptado la protección no sólo frente a agentes estatales

---

55. Vid ibíd.., art. 4.3, a) y c).

o públicos sino también frente a agentes privados,[56] añade una cláusula que suaviza dicha apreciación, en la medida en que afirma:

"2. En la valoración de si un solicitante tiene fundados temores a ser perseguido será indiferente el hecho de que posea realmente la característica racial, religiosa, nacional, social o política que suscita la acción persecutoria, a condición de que el agente de persecución atribuya al solicitante tal característica".

Con ser positivo el desarrollo de la causa de persecución basada en la pertenencia a un grupo social determinado, incluyendo específicamente el sexo como una característica innata que daría en su caso lugar a dicha protección, la Directiva no deja de ser ciertamente restrictiva en la medida en que al "test de las características inmutables" añade, con una sutil conjunción entre los dos párrafos del art. 10.1, d), un requisto adicional que puede tener mucha importancia y jugar un papel ciertamente restrictivo, consistente en la exigencia de que no sólo se disponga de esa característica inmutable sino que además el/la solicitante de asilo sea percibido por la sociedad del Estado del que se huye como miembro un grupo social diferenciado, específico, lo que no siempre será fácil de demostrar y, como la jurisprudencia desarrollada hasta ahora en ciertos Estados pone de manifiesto, no siempre es apreciado por el tribunal correspondiente.[57] En todo caso se echa especialmente en falta, una vez reconocida esta específica causa de persecución, la sensibilidad necesaria a la hora de tratar las solicitudes de asilo presentadas con base en ella, que brilla por su ausencia en la Directiva 2005/85/CE y que, sin embargo, ha sido altamente recomendada, con medidas muy concretas a observar, por las directrices de ACNUR, como se ha puesto de manifiesto, lo que no va sino en demérito de la regulación comunitaria que, en última instancia, corre el riesgo de trasladarse de forma casi automática a las legislaciones nacionales.[58]

---

6. Vid ibíd., art. 6.

57. Vid *Matter of R - A*, Int. Dec. 3403 (BIA), en el que el tribunal no reconoció protección a la demandante de asilo que huía de los malos tratos severos infligidos por su marido.

58. En este sentido es loable la inclusión en la nueva Ley 12/2009, del artículo 17.5, una disposición específica que permite un tratamiento procedimental diferenciado para este tipo de solicitudes.

VII

Establecidos, por tanto, las etapas básicas de esta evolución a nivel internacional, corresponde ahora preguntarse por su efecto en el caso de España. Y es que el Tribunal Supremo español (TS) ha venido afrontando diversos recursos, bien como consecuencia de la denegación de la solicitud de asilo por parte del Ministerio del Interior, bien como consecuencia de la inadmisión a trámite de la propia solicitud de asilo, de solicitantes de asilo que basan su petición en su pertenencia a un grupo social determinado por su sexo.

Resulta pertinente, a efectos de valorar la aportación de una serie de sentencias del TS que culmina por el momento la decisión de 11 de mayo de 2009, recordar brevemente el procedimiento de solicitud de asilo conforme a la legislación española en vigor en el momento de resolverse los procesos, en la medida en que la jurisprudencia en cuestión desarrollada se produce en dos momentos diferentes: bien en la admisión a trámite de la solicitud de asilo, bien, una vez admitida, como recurso contra la decisión denegatoria de asilo por parte del Ministerio del Interior.

En líneas generales el procedimiento legalmente previsto en España de solicitud y concesión de asilo ha sido progresivamente endurecido aunque en todo caso, si solicitado el asilo la petición es denegada, el solicitante puede presentar, no obstante, una petición de reexamen con efectos suspensivos en cuya resolución habrá de participar el representante nacional del ACNUR, estando asistido por el derecho a no ser expulsado, extraditado o devuelto.[59] Si la solicitud es admitida a trámite corresponde al Ministerio del Interior la concesión o no del estatuto en cuestión. En caso de ser denegada la solicitud, el solicitante de asilo deberá abandonar el país salvo que cumpla los requisitos exigidos por la ley de extranjería para permanecer en territorio español, en este caso bajo la consideración de extranjero.

Así pues, la persona solicitante de asilo en España debe, en el momento de la solicitud, explicar los temores fundados que tiene de ser perseguida, que serán valorados en dos momentos procesales diferentes: al admitir a trámite la solicitud de asilo, en cuyo caso es jurisprudencia consolidada del TS que dichas alegaciones en este primer momento basta con que tengan

---

59. Vid Ley 12/2009 cit. supra, arts. 16 y ss.

un carácter meramente indiciario de persecución personalizada y particularizada. Y en un segundo momento, en la decisión gubernativa de concesión o denegación del asilo como respuesta al expediente de solicitud incoado ante el Ministerio del Interior. En los supuestos que nos ocupan se trata de ver en qué medida la condición de mujer supone, en relación aciertos países sobre todo africanos, la pertenencia a un grupo social que sufre persecución y que, por tanto, la condición de mujer es determinante en dicha persecución e inclina la balanza en favor del asilo. En todo caso la persecución alegada:

> "[...] debe poder reconocerse como tal, como una persecución propiamente dicha, por su origen, por su causa o motivo, por su entidad y por la falta de protección institucional frente a ella [...] para que pueda hablarse de persecución es preciso que los hechos acaecidos o que se tema puedan ocurrir sean lo suficientemente graves, por su naturaleza o su repetición: ya sea que constituyan un atentado grave a los derechos humanos, por ejemplo la vida, la libertad o la integridad física, ya sea que impida de manera evidente la continuación de la vida de la persona que los ha sufrido en su país de origen [...]".[60]

Por lo que hace a los casos de inadmisión a trámite de una solicitud de asilo alegando la pertenencia al sexo femenino como motivo de persecución y base de temor suficiente para admitir a trámite la solicitud la jurisprudencia protectora del TS se inicia claramente con la sentencia 1836/2002, de 31 de mayo de 2005, en la que la recurrente, de nacionalidad somalí y que había salido como refugiada de aquel país en 1992 en pleno conflicto armado, alega en su solicitud de asilo haber sufrido violación a manos de soldados somalíes y luego keniatas y tanzanos mientras residía en campos de refugiados establecidos en dichos países, pese a lo cual la solicitud es inadmitida a trámite por la Administración española, por entender que no concurría ninguna de las causas previstas en el Convenio de Ginebra sobre el Estatuto de los Refugiados de 1951 y la Ley 5/84, modificada por la Ley 9/94. El TS, en una decisión sin duda loable que demuestra una interpretación progresista, actualizada, respetuosa y

---

60. Vid STS de 7 de julio de 2005 (recurso 2107/2002), retomando los términos de la Posición Común del Consejo de la UE de 4 de marzo de 1996, relativa a la aplicación armonizada de la definición del término "refugiado", DOCE L 63, de 13/03/1996, p. 2.

adaptada a las circunstancias personales del recurrente sea del sexo que sea, no dudó en afirmar que:

"La interesada describió en su solicitud (y en su petición de reexamen) unos hechos que, en principio, pueden revestir los caracteres de una persecución por razón de sexo, acaecidos primero en su país y luego en Tanzania y en Kenia.

Tal y como hemos dicho en numerosas sentencias, es un requisito positivo (descripción de una persecución) junto con un requisito negativo (que no haya manifiesta falsedad o inverosimilitud), lo que abre el trámite. Y aunque la diferencia pueda creerse demasiado sutil, no lo es: la Administración –y, derivativamente, los Jueces y Tribunales– no deben juzgar, en fase de admisión a trámite, si hay indicios suficientes de la persecución alegada, sino si el relato describe una persecución y si es o no manifiestamente falso o inverosímil; basta esto para que la solicitud merezca el trámite [...].

Sin embargo, basta la lectura del relato expuesto en la petición de asilo, ampliado en la ulterior petición de reexamen, para constatar que aquella describió una situación grave y continuada de persecución por razón de sexo, (encuadrable sin duda entre las persecuciones sociales). En consecuencia, la solicitante del derecho de asilo, en contra de lo que afirma la Administración, adujo, para impetrar este derecho, una causa prevista en los aludidos instrumentos internacionales ratificados por España para que se le reconozca la condición de refugiada, expuesta en términos suficientes para que, al menos, se tramite su solicitud. Será al término del procedimiento, una vez recabados los preceptivos informes y practicadas las indagaciones y pruebas pertinentes, cuando se pueda deducir si existen o no los indicios suficientes, según la naturaleza del caso, para decidir que se cumplen o no los requisitos a que se refiere el número primero del artículo 3 de la Ley de Asilo".[61]

Y consecuentemente con estas afirmaciones el Tribunal Supremo admitió el recurso y estableció la admisión a trámite de la solicitud de asilo. Pero lo importante es la interpretación establecida el artículo 1 del Convenio de Ginebra de cara a la Administración española y la concesión

---

61. Vid STS de 31 de mayo de 2005 (recurso 1836/2002), y reiterando literalmente este planteamiento STS de 10 de noviembre de 2005 (recurso 3930/2002).

en su caso del asilo: cuando la mujer solicitante de asilo alega una persecución que se identifica exclusivamente con su sexo y con atentados a su persona de carácter sexual (en este caso violación), se puede entender que es objeto de persecución por pertenencia a un grupo social y que, por lo tanto, sus fundados temores, si son constatados posteriormente mediante los informes, pruebas y declaraciones oportunas, serían motivo suficiente de concesión del asilo.

La línea jurisprudencial abierta se ha consolidado desde entonces en una serie de casos. Así, en el recurso presentado por otra solicitante de asilo de nacionalidad somalí que sufrió malos tratos, vejaciones y ataques sexuales perpetrados casualmente contra las mujeres refugiadas, a las que los atacantes no consideraban personas ni concedían ningún valor ni reconocían derecho alguno, en el que el TS ha corroborado la línea jurisprudencial abierta entendiendo que las causas aducidas por la solicitante puede considerarse incluidas entre las establecidas por el Convenio de Ginebra sobre el Estatuto de los Refugiados, lo que hace admisible a trámite su solicitud.[62] O el caso de otra nacional somalí que huyó de su país a Kenia, tras la destrucción de su casa y el asesinato de parte de su familia, donde vivieron en campamentos de refugiados en los que sistemáticamente se violaba a las mujeres incluyendo a su hermana y a ella, aunque a ella en menos ocasiones porque "al ser más pequeña era más fácil esconderla".[63]

Este primer conjunto de casos configura y concreta, pues, como motivo de admisión a trámite de una solicitud de asilo, las agresiones sexuales sufridas por una mujer huída de su país como consecuencia de conflicto bélico a manos de soldados en campamentos de refugiados. La actitud hostil de éstos, la situación de indefensión de estas mujeres (refugiadas) y el tipo de agresión sufrida, siempre sexual e íntimamente unida a su condición de mujeres, constituyen para el TS motivo de temor fundado de persecución, suficiente al menos en sede de admisión a trámite de la solicitud de asilo, como motivo de peligro verosímil.

Otra vertiente de esta nueva interpretación de las causas de asilo previstas en el Convenio de Ginebra, en relación con el sexo femenino, tiene que ver con el hostigamiento a las mujeres, en especial musulmanas, para contraer matrimonio de manera forzada, que el TS ha entendido también como posible causa de asilo y motivos de temor suficiente y creíble de cara a

---

62. Vid STS de 9 de septiembre de 2005 (recurso 3428/2002).
63. Vid STS de 10 de noviembre de 2005 (recurso 3930/2002).

admitir a trámite la solicitud de asilo. Así se ha puesto de manifiesto en el caso de la solicitud de asilo presentada por una mujer víctima de acoso, hostigamiento y amenazas por un hombre en su país de origen, Nigeria, respecto de la cual el TS ha afirmado lo siguiente:

"[...] En efecto, basta repasar el relato de la solicitante de asilo para constatar que en él se expuso una persecución por razón de sexo, plasmada en el hostigamiento y amenazas de un hombre que pretendía obligarla a casarse con él, que en principio resiste carácter protegible (por resultar encuadrable sin duda entre las persecuciones sociales). Cierto es que la recurrente no denunció los hechos ante las Autoridades y Fuerzas de Seguridad de Nigeria, pero ella misma aclara que lo hizo por miedo a las consecuencias que la denuncia pudiera tener para ella misma y para sus padres, siendo esta una alegación que no cabe descartar apriorísticamente como inservible o inverosímil; más aún visto que un informe del ACNUR obrante en las actuaciones –del que podemos hacer uso en este sentencia conforme a la posibilidad prevista en el artículo 88.3 de la Ley de la Jurisdicción– señala expresamente que "según la ONG Human Rights Watch los derechos de las mujeres se violan de un modo rutinario. El Código Penal establece explícitamente que la violencia ejercida por un hombre dentro del matrimonio no son ofensas si están permitidos por la costumbre o no se infringen daños corporales graves. Los matrimonios infantiles continúan siendo algo común sobre todo en el norte de Nigeria. Las mujeres no poseen derechos en derecho hereditario de las propiedades y se estima que el 60% de las mujeres nigerianas son sometidas a mutilación genital en todo el país".

En suma, la recurrente expuso su relato en términos suficientes para que, al menos, se tramite su solicitud. Será al término del procedimiento, una vez recabados los preceptivos informes y practicadas las indagaciones y pruebas pertinentes, cuando se pueda deducir si existen o no los indicios suficientes, según la naturaleza del caso, para decidir que se cumplen o no los requisitos a que se refiere el número primero del artículo 3 de la Ley de Asilo".[64]

---

64. Vid STS de 28 de febrero de 2006 (recurso 735/2003), posición corroborada por las sentencias del TS que resuelven los recursos 4881/2003, 6597/2003, 9300/2003 y 4773/2004.

Y ello pese a que la persecución era ejercida no por un agente estatal sino por un particular, pues como también el TS ha establecido en su jurisprudencia, dicha persecución es aceptable a efectos de solicitud de asilo cuando el Estado la tolere.[65]

Y la última evolución en una protección específica de la mujer respecto de aquellos temores fundados de volver a su país por persecuciones relacionadas únicamente con su sexo, es la surgida en relación con la práctica presente en algunos países africanos aunque no siempre perseguida, de la mutilación genital femenina. Dicha práctica como causa de persecución específica contra la mujer que justificaría, en su caso, la concesión del asilo, se plantea en un primer momento contra la inadmisión a trámite de la solicitud de asilo por parte de una nacional nigeriana que escapa de su país al ser perseguida para practicarle la ablación del clítoris, una práctica que, además de no admitir por voluntad propia, le infunde un enorme temor, al haber muerto por ella tanto su hermana como una amiga. A este respecto el TS aceptó el planteamiento del tribunal de instancia, que en su resolución del recurso contencioso-administrativo entendía que:

"Pues bien, respecto del motivo de inadmisión previsto en el artículo 5.6.b), debe señalarse que esta Sala considera que sí concurren las causas que dan lugar a la concesión de asilo, que se encuentran previstas –por remisión del artículo 3 de la expresada Ley reguladora del Derecho de Asilo– principalmente en la Convención sobre el Estatuto de los Refugiados, hecha en Ginebra el 28 de julio de 1951, y se resumen en la concurrencia de temor fundado de ser perseguido por motivos de raza, religión, nacionalidad, pertenencia a determinado grupo social u opiniones políticas en su país de origen, pues concurre un fundado temor a sufrir persecución cuando se teme sufrir un atentado contra su integridad física – mutilación genital– por razón de su pertenencia a un determinado grupo social –las mujeres– […] procedente o consentido por las autoridades de su país de origen".[66]

En mayo de 2009 el TS ha terminado de afirmar rotundamente como

---

65. Vid Sentencias del TS de 20 de abril de 2001, de 5 de mayo de 2001, de 20 de mayo de 2001 y de 28 de septiembre de 2001, así como STS 735/2003 cit. supra.
66. Vid ST AN de 16 de mayo de 2003, en relación al recurso contencioso-administrativo núm. 523/2001, posteriormente aceptado en la STS de 10 de octubre de 2006 (recurso 6597/2003).

causa de concesión de asilo en España el hecho de haber sufrido mutilación genital por parte de una mujer —en el caso de autos nigeriana—, apoyando su posición en toda la jurisprudencia protectora de la mujer hasta aquí descrita, y específicamente la concesión del asilo como protección frente a una mutilación salvaje y una afección de derechos fundamentales como es la ablación del clítoris. La respuesta del Tribunal, estructurada sobre la base de la jurisprudencia hasta ahora establecida, ha sido rotunda:

> "[...] Esta Sala [...] ya ha tenido ocasión de declarar en distintas ocasiones que una situación de desprotección y marginación social, política y jurídica de las mujeres en su país de origen, que vulnere le forma evidente y grave sus derecho humanos, es causa de asilo [...]; que la persecución por razón de sexo resulta encuadrable sin duda entre las persecuciones sociales [...], y más concretamente, que una situación de hostigamiento y amenazas contra una mujer para obligarla a casarse reviste carácter protegible por resultar encuadrable sin duda entre esas persecuciones sociales [...], referidas, por cierto, a solicitantes de asilo procedentes de Nigeria"

Argumentación con la que el TS enlaza con sus sentencias anteriores y particulariza la situación de persecución de las mujeres, en especial en el caso de Nigeria, que ilustra además con un listado amplio de conductas atentatorias contra sus derechos fundamentales y constitutivas per se de temores fundados de persecución, en la medida en que el Estado en cuestión no da muestras de combatirlas ni perseguirlas de forma efectiva, entre ellas los matrimonios forzados incluso con menores de edad, la privación de derechos hereditarios, la falta de sanción de malos tratos y, por supuesto, la mutilación genital:

> Más específicamente [...] recogimos el criterio del ACNUR sobre la práctica de la mutilación o ablación genital en Nigeria, en el sentido de que "existen numerosos informes que hacen dudar de que en Nigeria finalmente se otorgue protección efectiva a las personas que intentan evitar la mutilación genital" y que la mutilación genital, aun estando prohibida en algunos Estados, "parecería que aún se practica extensivamente en todo el país, y que las mujeres podrían verse sometidas a esta práctica desde la primera semana hasta después de dar a luz a su primer hijo", concluyendo [...] que la huida con la finalidad de evitar esa reprobable práctica de la ablación genital encuentra acomodo y acogida dentro de las causas de asilo por

constituir la amenaza de dicha práctica una persecución por razón de género encuadrable entre las persecuciones sociales a que se refiere la Convención de Ginebra.

En estas y en otras sentencias sobre casos similares, referidas a solicitantes de asilo procedentes de Nigeria, transcribíamos un informe del ACNUR que resulta sumamente expresivo de la situación de las mujeres en ese país [...] Y, lo que es más importante, esas mismas consideraciones se recogen en los informes obrantes en los autos de este concreto recurso sobre la situación sociopolítica de Nigeria. En efecto, en el curso del periodo probatorio se unió a las actuaciones un informe del ACNUR en el que se indica que aun cuando la mutilación genital femenina (MGF) está decreciendo en ese país y se han promovido campañas oficiales en su contra, "la práctica es todavía común en la mayor parte de Nigeria, especialmente en las áreas rurales".[67]

El Tribunal toma en consideración, a la hora de valorar si efectivamente existe riesgo para la solicitante, la situación social en su país de origen, la protección ofrecida por su sistema jurídico conforme a su sexo, la frecuencia de dichas conductas atentatorias y el grado de persecución de las mismas por el propio sistema legal nacional. Aceptando como acreditada la nacionalidad nigeriana de la recurrente y "su situación de huida frente a un contexto familiar y social en el que se le había obligado a someterse a la bárbara práctica de la ablación genital como paso previo para un matrimonio no deseado", por otra parte considerado *per se* como causa independiente de persecución como se ha visto, y verosímil el relato de la recurrente, procede a valorar si dicho relato se encuentra suficientemente justificado, en cuyo caso ha de desembocar necesariamente en la concesión del asilo. Y a este respecto el alto Tribunal entiende que:

"[...] Pues bien, si, primero, se tiene en cuenta que, con carácter general, en Nigeria es habitual la práctica de la mutilación genital femenina incluso más allá de la infancia; que también es habitual la práctica de los matrimonios forzosos, y que las mujeres no encuentran frente a estas prácticas inhumanas una protección eficaz en el sistema legal de aquel país; segundo, se añade que el relato de la interesada es suficientemente preciso y coherente con ese contexto social del país del que procede y no puede

---

67. Vid STS de 11 de mayo de 2009 (recurso 3155/2006), FJ tercero.

calificarse de inverosímil; y, tercero, se ponen en relación estos datos con el dato cierto e indubitado de que la actora ha sufrido efectivamente esa ablación genital, no puede sino concluirse que todos esos datos, conjuntamente analizados y sopesados con el enfoque casuístico que preside esta materia, hacen aflorar lo único que exige el artículo 8 de la Ley 5/84, de 26 de marzo, reguladora del derecho de asilo y de la condición de refugiado, para la concesión del derecho de asilo, que son los "indicios suficientes", según la naturaleza de cada caso, para deducir que aquella cumple los requisitos a los que se refiere el artículo 3-1 de la misma, es decir, que sufre una persecución por su pertenencia al género femenino que la impone un matrimonio no deseado y le ha mutilado un órgano genital.

Procede, en consecuencia, estimar el recurso de casación formulado por Dª Delfina así como el recurso contencioso-administrativo por ella interpuesto, anular la resolución impugnada y, en definitiva, reconocer a la solicitante el derecho de asilo indebidamente denegado".[68]

La afirmación, por tanto, del TS es clara y contundente, y en la medida en que la solicitante de asilo demuestre haber sufrido tal atentado a sus derechos y a su intimidad habrá lugar a la concesión del asilo. El TS español pues, si bien no se extiende demasiado en este tipo de consideraciones en su jurisprudencia, parece sumarse a la doctrina Acosta en materia de pertenencia a un grupo social determinado a la hora de resolver sobre este tipo de solicitudes de asilo.

VIII

Una vez realizado este camino y con la base previa que la propia jurisprudencia de los tribunales españoles ofrece, se comprende que la nueva ley española de asilo haya apostado claramente no por incluir un motivo nuevo o diferente como causa de persecución a los efectos de la concesión de asilo, sino que haya abundado en el concepto de pertenencia a un grupo social determinado, una causa que jurisprudencialmente tanto en España como en terceros países se ha venido utilizando para incluir la protección de este tipo de situaciones, como se ha visto.

Sin ánimo de extensión por lo que hace a la nueva ley, que es objeto de tratamiento específico en otro capítulo de esta obra, es interesante no obs-

---

68. Vid ibíd., FJ séptimo.

tante constatar cómo ésta ha corregido una situación que de hecho ya se venía produciendo desde la promulgación de la Ley de igualdad[69] y, a la hora de explicar de forma individualizada los distintos motivos de persecución, ha incorporado por primera vez el género como circunstancia determinante de la misma, congruente con otras iniciativas reguladoras en el ámbito internacional y siguiendo las directrices y límites marcados por la jurisprudencia del TS que se acaba de exponer, al establecer que:

> "Asimismo, en función de las circunstancias imperantes en el país de origen, se incluye a las personas que huyen de sus países de origen debido a fundados temores a sufrir persecución singularizada por motivos de género, sin que aquéllas o éstos por sí solos puedan dar lugar a la aplicación del presente artículo".[70]

De otra parte, la ley se muestra igualmente congruente con la inclusión, en su momento, por medio de la LO 11/2003,[71] de la mutilación genital femenina como delito en el art. 149 del Código Penal español.[72]

Aún así no pasan desapercibidas las dificultades de conseguir el reconocimiento del carácter de refugiado por quien ha padecido semejante maltrato y que, a todas luces resulta obvio, no puede volver a su país. La nece-

---

69. La Ley orgánica 3/2007, de 22 de marzo, para la igualdad efectiva de mujeres y hombre establecía en su disposición adicional vigésima novena: "Se añade una nueva disposición adicional tercera a la Ley 5/1984, de 26 de marzo, reguladora del derecho de asilo y de la condición de refugiado, en los siguientes términos: "Disposición adicional tercera. Lo dispuesto en el apartado 1 del artículo 3 será de aplicación a las mujeres extranjeras que huyan de sus países de origen debido a un temor fundado a sufrir persecución por motivos de género", una mención que resultaba insuficiente. Esta adición fue profusamente comentada por el CEAR en su informe general de 2008, http://www.cear.es/files/informe_cear_2008.pdf

70. Vid art. 7,1,e).

71. Vid LO 11/2003, de 29 de septiembre, de medidas concretas en materia de seguridad ciudadana, violencia doméstica e integración social de los extranjeros, BOE núm 234, de 30/09/2003.

72. El art. 149.2 del Código Penal es del siguiente tenor: "El que causara a otro una mutilación genital en cualquiera de sus manifestaciones será castigado con la pena de prisión de seis a 12 años. Si la víctima fuera menor o incapaz, será aplicable la pena de inhabilitación especial para el ejercicio de la patria potestad, tutela, curatela, guarda o acogimiento por tiempo de cuatro a 10 años, si el juez lo estima adecuado al interés del menor o incapaz".

sidad, ante el endurecimiento progresivo de las condiciones de entrada en territorio de la Europa comunitaria, para este tipo de solicitantes de mezclarse con flujos de inmigración ilegal ha provocado que éstos reciban el mismo trato en la frontera cuando son apresados, siendo devueltos inmediatamente a sus lugares de origen desatendiendo la obligación internacional de non-refoulement, pero aún más, que en caso de éxito en la entrada ilegal en el país no se denuncie inmediatamente la situación padecida y se solicite el asilo, sino que éste se solicite in extremis ante el riesgo de ser identificado como inmigrante ilegal. Tal ha sido el caso de una solicitante de asilo nigeriana a la que inicialmente se inadmitió a trámite la solicitud de asilo pese a la gravedad del temor manifestado, por entender la Administración que excedió el plazo para la solicitud del asilo. La respuesta del TS también fue clarividente en cuanto a la discriminación entre situaciones de verdadera persecución y de inmigración legal, en sentido positivo para la concesión del asilo:

> "[...] La interesada es una mujer de escasa formación, que llegó a Valencia (según relata) en un barco como polizón junto con otras veinte personas, y que razonablemente podía sentir temor o reparo en comparecer ante las Autoridades y Fuerzas de Seguridad españolas y explicar las razones de persecución por razón de sexo por la que había huido de su país. Por otra parte, pidió asilo por su propia iniciativa, sin que hubiera sido identificada o detenida antes por las Fuerzas de Seguridad españolas ni se hubiera incoado contra ella ningún expediente por razón de su estancia ilegal en España, y además el retraso en la presentación de la solicitud de asilo no fue especialmente relevante, atendidas sus circunstancias personales. [...] Todas estas razones, conjuntamente examinadas, son, a juicio de esta Sala, suficientes para justificar la tardanza en la solicitud del asilo".[73]

Y en sentido negativo, para su denegación, a fin de no desnaturalizar la razón de ser y la finalidad a las que responde la institución del asilo y poder reconocer como tal la persecución alegada y la falta de protección frente a ella:

> "[...] la recurrente en casación afirma en el desarrollo del motivo casa-

---

73. Vid STS de 6 de octubre de 2006 (recurso 6597/2003), FJ cuarto.

cional que tiene derecho al asilo porque forma parte de un colectivo discriminado, el de las mujeres africanas, más aún habida cuenta de su condición de "divorciada-repudiada" [...] que la convierte en una persona condenada al abandono y a la miseria [...] los únicos hechos relevantes son los que la solicitante consignó al solicitar asilo; y en este caso, no fue eso lo que expuso la actora en su solicitud de asilo, donde se limitó a decir [...] que tras divorciarse de su marido, por no aceptar que éste tomara una segunda esposa, no consiguió encontrar trabajo, por lo que, tras diversos desplazamientos por otros países africanos a la búsqueda de empleo, viajó hasta España, siempre con el ánimo de encontrar mejores condiciones de vida. Nada dijo entonces sobre una supuesta situación de desprotección general e institucionalizada hacia la mujer por parte de las Autoridades de su país de origen, Camerún. Mas bien resulta de su relato que su periplo por diversos países hasta recalar en España se debió a la búsqueda de subsistencia económica, y no a la existencia de una persecución protegible a través del asilo [...] el sólo hecho de ser mujer, sin más consideraciones, no puede dar lugar a la concesión del asilo salvo que se asocie a una situación de desprotección y marginación social, política y jurídica en el país de origen, que vulnere de forma evidente y grave sus derechos humanos o le impida continuar su vida en ese país [...]".[74]

En este sentido el TS, además de combatir la estrechez de la Administración española a la hora de interpretar las causas de persecución incluidas en el Convenio de Ginebra para dejar sin protección todos los casos antes referidos, ha sabido distinguir también, de entre los casos de asilo solicitado por mujeres que alegaban ser víctimas de persecución por razón de pertenencia a un grupo social especialmente desfavorecido en su país, aquellas incursiones en territorio nacional no merecedoras de tal protección por tratarse de desplazamientos por razones puramente económicas, esto es, de búsqueda de mejores condiciones de vida. La distinción es, pues, posible, y la concesión merecida del asilo también, por lo que sólo cabe lamentar la confusión y la cicatería en muchos casos de la administración española en la consideración de los recursos tanto por inadmisión como por denegación, ignorando en este sentido las recomendaciones del ACNUR en su Plan de Acción de los diez puntos o del Consejo de Europa al respecto.[75]

---

74. Vid STS de 7 de julio de 2005 (recurso 2107/2002), FJ cuarto.

IX

La lucha de la mujer por la protección de sus derechos dentro del sistema de Naciones Unidas ha conocido tres fases diferenciadas: la primera, al inicio de la andadura de la organización, con la reivindicación de sus derechos civiles y políticos, entre ellos y especialmente el derecho de voto; la segunda, durante las décadas de los 60 y los 70, culminó con la adopción de la Convención contra todas las formas de discriminación contra la mujer, estructurada en torno a un concepto amplio de igualdad hombre/mujer y que reivindicaba un tratado idéntico para ambos en las diferentes esferas de la vida. Sin embargo la violencia contra la mujer no se incluyó en este nuevo logro convencional, y no fue hasta los 80 que el Comité para la eliminación de la discriminación de la mujer adoptó, con su conocida Recomendación general núm. 19, posición a favor de la protección de la mujer contra toda forma de violencia, a principio de los 80, una vez que se levantó el velo de la privacidad familiar bajo el cual interesadamente algunos Estados, bajo etiquetas culturales o religiosas, esgrimiendo como bandera el relativismo cultural, toleraban prácticas violentas aberrantes contra la mujer.

¿Existen otras causas posibles de protección de la mujer solicitante de asilo que le permitan acogerse a la persecución por pertenencia a un grupo social determinado? En el caso *In Re A*, el BIA denegó al solicitud de asilo a Rodi Alvarado Peña, una mujer guatemalteca víctima de brutales malos tratos por parte de su marido, no sancionados por las autoridades nacionales,[76] una decisión que despertó muchas críticas por la situación terrible padecida por esta mujer. Tal vez, y a pesar de una cierta oscilación en la jurisprudencia que hasta aquí se ha desarrollado en materia de mutilación genital femenina, se esté produciendo una extensión en el planteamiento de las demandas de asilo como consecuencia de un persecución basada en el sexo bien por parte del Estado bien por parte de la comunidad a la que la víctima pertenece, hacia el ámbito estrictamente privado de la familia y la violencia que en su seno puede ejercerse contra la mujer constitutiva de

---

75. Vid, entre otras, Recomendación de la Asamblea Parlamentaria 1808 (2007) sobre "Assesment of transit and processing centres as a response to mixed flows of migrants ans asylum seekers" y Resolución 1569 (2007) sobre la misma materia.
76. Matter of R- A-, Int. Dec. 3403 (BIA 1999).

persecución. En el caso de la violencia doméstica, el TEDH no ha vacilado en calificar un comportamiento de este tipo como tortura.[77]

La primera relatora especial de UN para la violencia contra la mujer, Coomaraswamy, tampoco ha dudado en considerar a este tipo de prácticas como tortura.[78] Como las relatoras especiales de UN para la violencia contra la mujer han advertido, la mutilación genital femenina y otras formas de violencia contra la mujer están siendo exportadas como consecuencia de la globalización de los flujos migratorios,[79] pretendiéndose incluso su regularización una vez normalizadas, en el caso de la mutilación genital femenina, las condiciones higiénicas y sanitarias para realizarlas.[80] No puede haber propuesta más aberrante y el rechazo a la protección de mujeres que huyen de este tipo de persecución no viene sino a reforzar *de facto* si bien de forma indirecta, este tipo de conductas y su falta de represión, contribuyendo a su ocultación so pretexto de no incursión en la esfera privada.

La nueva legislación española, finalmente, no viene a ser tan novedosa, más bien no ha hecho sino recoger de forma obligatoria lo que ya era derecho aplicable para España, en virtud de la nueva interpretación autorizada de la normativa específica de Naciones Unidas, del Derecho comunitario a través de las respectivas directivas de asilo a las que literalmente copia,

---

77. Vid *asunto Opuz v. Turquía* (demanda núm. 33401/02), de 9 de septiembre de 2009. La Asamblea Parlamentaria ha instado a los Estados Miembros del Consejo de Europa a proteger a las mujeres de este tipo de violencia y a adoptar normativa específica criminalizando la mutilación genital femenina. Vid Resolution 1247 (2001) y Recommendation 1891 (2009).

78. "How do we fight laws and practices that are violent towards women while respecting the dignity of the people who have come to see these practices as tradition? The Special Rapporteur suggests that we use ius cogens, principles of international law that cannot be derogated from by States because they form the basis of international consensus. States are bound whether they give their express consent or not since the norm is of a universal applicability. The prohibition against torture is one of these norms. In this context, cultural practices that are irreversible and cause "severe pain and suffering" must be seen as torture and universally condemned. Severe physical violence that mutilates bodies and results in terrible pain and suffering cannot be tolerated. It is important to use the law to ban and criminalize such practices" Vid: *Integration of the Human Rights of Women and The Gender Perspective. Violence Against Women*, E/CN.4/2003/75, de 6 enero 2003, § 67.

79. Vid Doc. E/CN.4/2004/66, cit. supra, § 42.

80. Vid Doc. E/CN.4/1995/42, § 150.

y de la propia jurisprudencia de los tribunales españoles que han adoptado a la postre una interpretación generosa a este respecto, como ya lo hicieran con anterioridad los tribunales norteamericanos, canadienses, australianos o británicos. Habrá que ver si esa tendencia generosa se mantiene a la luz de la nueva ley no sólo en relación con la mutilación femenina sino también si, como ha ocurrido ya ante otros tribunales nacionales, la violencia de género ejercida en el seno de la familia llega hasta las autoridades españolas como base de solicitudes de asilo, esto es, si el largo camino recorrido por las solicitantes de asilo víctimas de mutilación genital sirve para ampliar y reconocer la protección necesaria de aquellas personas que, como consecuencia de su sexo, son víctimas de las más crueles persecuciones.

4. La información sobre países de origen en el contexto del asilo

Marta Sainz de Baranda Cañizares[1]

"Ayan es una mujer, de un país africano, en concreto Somalia. Nació y creció en Mogadiscio, donde sus padres contaban con un pequeño comercio. Ella habla dos dialectos: benaadir somalí y ashraaf, y no pertenece a ninguno de los grandes clanes que hay en el país, sino a un grupo de los considerados minoritarios: los benadiri. En el año 2007 miembros de otro clan mataron a sus padres, y ocuparon la casa familiar. No sabiendo a donde ir huye del país junto con unos vecinos de su mismo grupo...tras multitud de avatares logran llegar a Kenia. Allí, tras contactar con redes de traficantes que les conducen por varios países, llegan a un país de la UE".

Esta puede ser una historia de persecución cualquiera. Las autoridades del país donde Ayan ha formulado su solicitud de asilo deberán decidir si sus alegaciones están lo suficientemente fundadas como para concederle algún tipo de protección internacional. Comenzará entonces un procedimiento largo y muchas veces incomprensible para Ayan, durante el cual los órganos de decisión procederán a la evaluación de la solicitud. Deberán examinar lo alegado por Ayan y tener en cuenta las circunstancias relevantes del caso (donde vivía, a que grupo o clan pertenece, su edad, sexo, su

---

1. ONG Accem, dedicada a la atención y acogida de refugiados y migrantes.

lengua o dialecto, su trayectoria personal, su entorno familiar y social, los últimos acontecimientos sufridos, las razones por las que huyó del país, su trayecto hasta llegar a Europa y también si Ayan podría haberse acogido a la protección de otro país). Deberán decidir si sus temores de persecución están fundados, para lo que se tendrá en cuenta si sus razones son algunas de las establecidas en la definición de refugiado (raza, religión, nacionalidad, pertenencia a determinado grupo social u opiniones políticas) y la situación del país, especialmente en la época en la que huyo hasta la actualidad. Asimismo valorarán el riesgo real de sufrir daños graves, por si no reuniendo los requisitos para ser reconocida como refugiada tuviera acceso a la protección subsidiaria.

En este caso Ayan sólo puede proporcionar sus alegaciones y demostrar su conocimiento de los dialectos benaadir somalí y ashraaf. Carece de cualquier tipo de documentación. Además de comprobar la coherencia de su declaración será pues fundamental para la resolución del caso, realizar un análisis profundo de la totalidad de circunstancias objetivas relevantes en su país de origen, Somalia.

Es precisamente la investigación de estas circunstancias objetivas la que centra mi atención en estas líneas dedicadas a la Información sobre Países de Origen en el contexto del asilo, ya que ello supone uno de los elementos determinantes a la hora de valorar si la persona que ha formulado una solicitud de protección internacional es merecedora del reconocimiento de la condición de refugiada o de protección subsidiaria.[2] A ella me referiré de ahora en adelante con sus siglas en inglés COI (Country of Origin Information).

A lo largo de las próximas páginas haré alusión a la evolución de Información sobre los Países de Origen dentro del proceso de armoniza-

---

2. Para el Alto Comisionado de las Naciones Unidas para los Refugiados (ACNUR) la expresión "fundados temores de ser perseguido" es la parte esencial de la definición de refugiado, ya que refleja el punto de vista de sus autores en lo que concierne a los elementos principales de la calidad de refugiado: el "temor" - estado de ánimo y condición subjetiva -, y el calificativo de "fundado" o elemento objetivo. Dice el párrafo 38 de su *Manual de Procedimientos y Criterios para Determinar La Condición de Refugiado*: "El estado de ánimo de la persona interesada no es únicamente lo que determina su condición de refugiada, sino que esa tesitura debe estar basada en una situación objetiva". Y es precisamente la situación reinante en el país de origen del refugiado la que determina si su temor es fundado o no, amen otras consideraciones, de ahí su vital importancia.

ción del sistema europeo común de asilo, señalare la importancia de la calidad y la interpretación de dicha información en el proceso de determinación de la protección internacional, y finalmente me centraré en la situación de España, fundamentalmente en el tratamiento del COI por nuestra jurisprudencia y nuestras leyes.

II

La recogida y publicación de la Información sobre Países de Origen ha ido evolucionando considerablemente a lo largo de estos últimos años. A finales de los 80 un caso como el de Ayan hubiera tenido que basarse en un pequeño puñado de informes sobre derechos humanos, muchas veces desfasados. Hoy en día su caso contaría con una enorme cantidad de información procedente de fuentes tanto gubernamentales, como intergubernamentales y no gubernamentales, algunas de ellas con datos de hace apenas unos días.

De igual forma, en la última década la COI ha ido cobrando peso en la agenda de prioridades de la UE en materia de asilo. En el 2004, el programa de La Haya marcó las directrices para el establecimiento de una segunda fase en el proceso de creación de un sistema europeo común de asilo (CEAS), iniciado en Tampere cinco años antes. Los objetivos del CEAS serían el establecimiento de un procedimiento común de asilo y un estatuto uniforme para las personas a las que se les concede asilo o protección subsidiaria. Fruto de esta segunda fase son, entre otras, las conocidas como Directiva de Procedimiento[3] y Directiva de Cualificación.[4]

La Directiva de Cualificación hace expresa mención a la Información de Países de Origen formulando pautas para llevar a cabo la evaluación de una solicitud de protección internacional. El artículo 4.3 establece que la evaluación se efectuará de manera individual e implicará que se tengan en cuenta: a) todos los hechos pertinentes relativos al país de origen en el

---

3. Directiva 2005/85/CE del Consejo de 1 de diciembre de 2005 sobre normas mínimas para los procedimientos que deben aplicar los Estados miembros para conceder o retirar la condición de refugiado. DOUE de 13 de diciembre del 2005.
4. Directiva 2004/83/CE del Consejo de 29 de abril de 2004 por la que se establecen normas mínimas relativas a los requisitos para el reconocimiento y el estatuto de nacionales de terceros países o apátridas como refugiados o personas que necesitan otro tipo de protección internacional y al contenido de la protección concedida. DOUE de 30 de septiembre del 2004.

momento de resolver sobre la solicitud, incluidas la legislación y la reglamentación del país de origen y el modo en que se aplican; y b) la situación particular y las circunstancias personales del solicitante, incluidos factores tales como su pasado, sexo y edad, con el fin de evaluar si, dadas las circunstancias personales del solicitante, los actos a los cuales se haya visto o podría verse expuesto puedan constituir persecución o daños graves.

Por su parte la Directiva de Procedimiento[5] indica otra serie de directrices y garantías. El artículo 8.2 establece que "Los Estados miembros garantizarán que las resoluciones sobre las solicitudes de asilo de la autoridad decisoria se dicten tras un examen adecuado. A tal efecto, los Estados miembros garantizarán: a) que el examen de las solicitudes y la adopción de las resoluciones se efectúen de forma individual, objetiva e imparcial; b) que se obtenga información precisa y actualizada de diversas fuentes, por ejemplo, información del Alto Comisionado de las Naciones Unidas para los Refugiados (ACNUR), respecto a la situación general imperante en los países de origen de los solicitantes [...]".

Esta última Directiva, sería objeto de un amplio debate, siendo uno de los puntos conflictivos la inclusión de la noción de "país de origen seguro"[6] y sobre todo de los listados comunes "de países de origen seguros", a los que me referiré mas adelante.

Durante el periodo marcado por el Programa de la Haya, la Comisión Europea propuso la idea de crear estructuras para facilitar la cooperación práctica en las que participaran los servicios nacionales de asilo de los Estados miembros. La Comisión quería lograr tres objetivos principales:

---

5. En su aplicación existen deficiencias que han provocado que se planteen propuestas de modificación, motivadas además por el cambio en el marco jurídico y legal de la UE (concretamente el procedimiento de co-decisión entre el Consejo y el Parlamento Europeo), y por sentencias de la CEDH y del TJCE, imponiendo estándares más altos.

6. También la noción de "país tercer seguro" pero a la que no me referiré en este documento. En cuanto a la noción de "país de origen seguro" establece el Anexo II de la Directiva de Procedimiento "Se considerará que un país es un país de origen seguro cuando, atendiendo a la situación jurídica, a la aplicación del Derecho dentro de un sistema democrático y a las circunstancias políticas generales, pueda demostrarse que de manera general y sistemática no existen persecución en la acepción del artículo 9 de la Directiva 2004/83/CE, tortura o tratos o penas inhumanos o degradantes ni amenaza de violencia indiscriminada en situaciones de conflicto armado internacional o interno. Al realizarse esta valoración se tendrá en cuenta, entre otras cosas, el grado de protección que se ofrece contra la persecución o los malos tratos [...]"

– el establecimiento de un procedimiento único de alcance comunitario;
– la compilación, evaluación y aplicación conjuntas de información sobre los países de origen y
– determinar cómo los Estados miembros pueden trabajar mejor juntos para tratar las situaciones de especial presión sobre los sistemas de asilo y las capacidades de recepción.

El Programa de La Haya declaró que estas estructuras deberían transformarse en una Oficina europea de apoyo a todas las formas de cooperación entre Estados miembros relacionadas con el sistema europeo común de asilo. Se fragua entonces la futura Oficina Europea de Apoyo al Asilo (EASO).

En el 2006 la Comisión Europea señaló la importancia del COI en una Comunicación al Consejo Europeo y al Parlamento[7] en el que observaba que la recogida, organización, evaluación y presentación de información sobre los países de origen son fundamentales en los procesos de asilo y de toma de decisiones de los estados miembros de la UE. La Comunicación indicaba además que un sistema de información sobre los países de origen objetivo, transparente y preciso, que suministre información oficial, rápida y fiable, resulta fundamental para decidir si una persona debe disfrutar de la protección internacional.

La Comisión se puso como metas a corto y medio plazo, para lograr una cooperación en materia COI, el establecimiento de orientaciones comunes sobre la producción de información sobre los países de origen. Dichas orientaciones, denominadas "Common EU Guidelines for processing Country of Origin Information (COI)"[8] fueron elaboradas por un grupo de expertos de varios países y aprobadas finalmente en junio del 2008. El objetivo de estas directrices era precisamente proporcionar criterios básicos comunes sobre el modo de tratar la COI de manera transparente, obje-

---

7. "Comunicación de la Comisión al Consejo y al Parlamento Europeo sobre la cooperación práctica reforzada. Nuevas estructuras, nuevos planteamientos: mejora de la calidad del proceso de toma de decisiones en el Sistema Europeo Común de Asilo" (Bruselas, 17.2.2006. COM(2006) 67 final): http://eur-lex.europa.eu/LexUriServ/LexUriServ.do?uri=COM:2006:0067:FIN:ES:PDF

8. Common EU Guidelines for processing Country of Origin Information (COI). April, 2008. ARGO project JLS/2005/ARGO/GC/03: http://www.unhcr.org/refworld/docid/48493f7f2.html

tiva, imparcial y equilibrada, de tal manera que se facilite su uso a escala comunitaria. Escasos años antes tanto el ACNUR[9] como ACCORD[10] y la International Association of Refugee Law Judges (IARLJ)[11] ya habían elaborado valiosos documentos en un intento de sistematizar los estándares COI.

Mientras, en febrero de 2008, la Comisión adoptó la propuesta de Reglamento relativa a la creación de la Oficina Europea de Apoyo al Asilo (EASO), que tendrá entre sus cometidos la recopilación y tratamiento de COI.[12] Será deseable, tal y como proponen el Alto Comisionado de las Naciones Unidas para los Refugiados y el Consejo Europeo de Asilados y Exilados (ECRE),[13] que en la misma se integre tanto al ACNUR, por su experto conocimiento en la materia[14] y por su demostrada aportación en los procedimientos nacionales de asilo de diferentes Estados Miembros, como

9. ACNUR fue uno de los pioneros en establecer una directrices en el documento "Country of Origin Information: Towards Enhanced International Cooperation" February 2004: http://www.unhcr.org/refworld/docid/403b2522a.html

10. El Austrian Centre for Country of Origin & Asylum Research and Documentation (ACCORD), perteneciente a la Cruz Roja Austriaca, es un centro especializado en la investigación y sistematización COI. En su remarcable "A Training Manual, September 2004", en http://www.coi-training.net/content/doc/en-COI%20Manual%20Part%20I%20plus%20Annex%2020060426.pdf, y fruto del proyecto europeo "COI Network & Training", ACCORD describe los parámetros de calidad en la investigación COI

11. El Working Party on Country of Origin Information and Country Guidance (COI-CG) de la International Association of Refugee Law Judges, elaboró el documento "Judicial Criteria for Assessing Country of Origin Information (COI): A Checklist" Paper for 7th Biennial IARLJ World Conference, Mexico City, 6-9 November 2006: http://www.iarlj.org/conferences/mexico/images/stories/forms/WPPapers/Hugo%20StoreyCountryofOriginInformationAndCountryGuidanceWP.pdf

12. Existen actualmente en Europa estructuras que llevan a cabo la recopilación de COI (EURASIL, GDISC, IGC, ACNUR y la Cruz Roja Austriaca (ACCORD). La propuesta de la Comisión Europea respecto a la nueva estructura a crear, sería entre otras la de lograr una aproximación común y desarrollar una cooperación más eficiente.

13. Folleto referente a la EASO editado conjuntamente por el ACNUR y el ECRE http://www.unhcr.ie/pdf/4a9d186b9.pdf

14. La Declaración 17 del Tratado de Ámsterdam, sobre el artículo 73 K del Tratado constitutivo de la Comunidad Europea establece "[...] Se entablarán consultas sobre cuestiones relativas a la política de asilo con el Alto Comisionado de las Naciones Unidas para los Refugiados y con otras organizaciones internacionales pertinentes.[...]" http://www.europarl.europa.eu/topics/treaty/pdf/amst-es.pdf

a las ONG especializadas en el campo de la protección internacional, que han desarrollado conocimientos en COI. Su experiencia práctica podría ser compartida con los Estados Miembros a través de procesos de formación conjunta útiles para todos los actores.

En el documento de trabajo[15] que acompaña la anterior propuesta, la Comisión Europea establece los objetivos de la EASO para mejorar la evaluación, recopilación y calidad de la Información de Países de Origen. La EASO se encargará de organizar la gestión y mantenimiento de un portal COI en el que se integraría y se mantendría actualizada la información sobre países de origen; pondrá en común la información y pericia sobre un determinado país de origen y las temáticas relacionadas con el asilo a disposición de diferentes actores; coordinará misiones a un determinado país para evitar duplicidad de acciones; aumentará la accesibilidad de la COI y promoverá su utilización; coordinará y desarrollará intercambios de buenas prácticas, mejorando la interpretación sobre la COI y desarrollando guías y parámetros sobre como realizar dicha interpretación; recogerá información sobre las diferentes políticas desarrolladas en los diferentes Estados Miembros, y de cómo jueces, instructores de asilo y otros órganos decisorios llegan a interpretar de forma diferente la COI; y formulará una visión general de las iniciativas en curso para promover interpretaciones COI comunes o similares.

Hoy el Programa de la Haya da paso al Programa de Estocolmo que enmarcará la acción de la Unión sobre las cuestiones de la ciudadanía, la justicia, la seguridad, el asilo y la inmigración durante los próximos cinco años. La Presidencia Española de la UE será la encargada de desarrollar dicho programa y organizar el primer debate de evaluación del Pacto Europeo de Inmigración y Asilo durante el primer semestre del 2010.

Veremos a partir del 2010 como se perfila finalmente la EASO, y que avances se realizan respecto al tratamiento de la COI. De entre sus objetivos, cabe destacar la importancia, para lo que nos ocupa aquí, de aquellos que tienen que ver con la calidad e interpretación de la información. ¿Por qué?

Respecto a la calidad, la recolección y presentación de la información de países de origen debería contener una serie de estándares de calidad. Se

---

15. "Commission staff working document. Accompanying document to the Proposal for a regulation of the European Parliament and of the Council establishing an European Asylum Support Office. Impact assessment.{COM(2009)66final} {SEC(2009) 154}18.02.2009:http://eur-lex.europa.eu/LexUriServ/LexUriServ.do?uri =SEC:2009:0153:FIN:EN:PDF

trata de los parámetros COI.[16] Si la información aportada a un expediente de asilo adolece, por ejemplo, de inexactitud o falta de credibilidad, el caso al que se refiere tendrá pocas posibilidades de prosperar. Con una COI poco rigurosa existirá ese riesgo aunque se realicen alegaciones coherentes y se plasmen razones de raza, nacionalidad, religión, opinión política o pertenencia a un grupo social, o se indiquen motivos merecedores de protección subsidiaria.

III

Ya me he referido a las diferentes propuestas de sistematizar dichos estándares.[17] Ilustraré aquí la realizada por el ACCORD. Según su manual de formación los principales parámetros COI son: relevancia, fiabilidad, equilibrio, exactitud, actualidad, transparencia y trazabilidad.

La relevancia es el parámetro directamente relacionado con el contenido de la información. La COI aportada deberá ser la pertinente, obviando aquella innecesaria. En este sentido será fundamental aportar aquella información que pueda corroborar el temor de persecución, el riesgo de sufrir un daño grave o la ausencia de protección.

La fiabilidad y equilibrio hace referencia a la fiabilidad de las fuentes. La información recogida deberá basarse en fuentes fiables, partiendo de la base de que es muy difícil encontrar fuentes totalmente objetivas, ya que el mandato o misión de la entidad autora influye en el enfoque del informe. Por ello deberán manejarse diferentes tipos de fuentes.

La exactitud y actualidad son aspectos cruciales, ya que una información inexacta puede influir de forma negativa en la resolución de una solicitud de protección. La información aportada deberá corroborarse al máximo.

---

16. Gábor Gyulai (Hungarian Helsinki Committee) "Country Information in Asylum Procedures - Quality as a Legal Requirement in the EU" December 2007: http://helsinki.hu/Kiadvanyaink/htmls/552). Dicha obra fue desarrollada en el marco de la fase III del proyecto "COI Network III - Training, Master Class, Good Practice" co-fundado por el European Refugee Fund Community Action 2005 (Vid nota 9), y que contó con la participación tanto de la ONG Accem como del Ministerio de Interior español. Ofrece un panorama de cómo los estándares de calidad relacionados con la investigación y evaluación del COI (parámetros COI) fueron apareciendo como principios establecidos en la jurisprudencia de varios países europeos o en forma de medidas legales vinculantes.

17. Vid notas 9 a 11.

En cuanto a la actualidad, dependerá de cual sea la situación en el país: en unos casos la información de hace unos meses podrá seguir siendo útil, mientras que en otros, la de hace unos días, puede estar desfasada por eventos más recientes.

La transparencia y trazabilidad aluden a que la información aportada debe poder ser verificada a través de la identificación de las fuentes utilizadas, fecha de elaboración y, en su caso y en la medida de lo posible, su localización en Internet. En caso de traducir una fuente, el informe debería contener el texto en la lengua original. Es especialmente importante que el significado de las fuentes originales no sea distorsionado a lo largo del proceso de paráfrasis o de traducción.

IV

He mencionado que otro de los aspectos que la EASO intentará mejorar, y que me parece trascendente, es la interpretación de la Información sobre Países de Origen. Una de las dificultades en la utilización del COI estriba precisamente en los diferentes enfoques que pueda darse a dicha información. Desde los hechos realmente acaecidos en el país de origen hasta la toma de decisión sobre una solicitud de protección internacional, transcurren una serie de acontecimientos que van a incidir en el resultado final: La interpretación de los hechos referidos por las fuentes primarias –aquellas que recogen material de primera mano relativo a unos determinados hechos o acontecimientos, pongamos por caso Amnistía Internacional, una Embajada o el ACNUR– y secundarias –aquellas que obtienen sus datos no directamente, sino a través de fuentes primarias– va a depender fundamentalmente del mandato o posicionamiento de la fuente respecto a dichos acontecimientos (de ahí la importancia de escoger fuentes diferentes al realizar la investigación COI). Posteriormente, los órganos de decisión en el procedimiento administrativo, basándose en la COI aportada al expediente, volverán a realizar una interpretación de los hechos. Esa interpretación se verá influenciada tanto por las fuentes escogidas –presentadas por el solicitante o su abogado y por la propia Administración– como por el tipo de política exterior que tenga el país decisor respecto al país de origen.[18] La postura sobre determinados aspectos, como por ejemplo los

18. Los órganos decisorios del Reino Unido, por ejemplo, utilizan de forma rutinaria sus propios "Operational Guidance Notes", como fuente COI, a pesar de su carácter inten-

agentes terceros de persecución o la alternativa de huida interna, también podrán influir en la interpretación

Las diferencias interpretativas entre estados miembros han sido remarcadas por el ACNUR quien señaló recientemente que las solicitudes de asilo planteadas por personas de la misma nacionalidad, con historias similares, obtienen resultados diferentes de un Estado Miembro a otro " El interés de los Estados Miembros en reforzar la calidad de la toma de decisiones se hace patente en su compromiso de formación; la colaboración en la información de país de origen (COI); la voluntad de intercambiar buenas prácticas; y la participación en una serie de iniciativas de investigación y de garantía de calidad".[19]

Asimismo la Comisión Europea parece consciente de ello.[20] Un indicador clave de estas divergencias son, a juicio de la Comisión, las diferentes tasas de reconocimiento. Se pone como ejemplo el caso de Afganistán: en Austria el 84% de los afganos obtienen el estatuto, frente a solo el 2% en Grecia. Las sustanciales diferencias en la valoración de las necesidades de protección de un Estado Miembro a otro, según la CE, socava claramente la credibilidad de Europa a la hora de construir un sistema común de asilo.

Si bien la Comisión considera difícil detectar las razones de estas diferencias, declara expresamente que la información sobre la situación en países de origen a la que los Estados Miembros tienen acceso podría variar en términos de exhaustividad y fiabilidad. Los problemas existentes y la necesidad de intensificar la cooperación práctica entre los países miembros se muestra patente al observar como se recopila, organiza, evalúa y presenta la COI.

V

Otro aspecto importante relacionado con la interpretación, al que aludí al tratar la Directiva de Procedimiento, son los listados "de países de ori-

---

cionadamente político. En este sentido: Immigration Advisory Service (IAS), "The Use of Country of Origin Information in Refugee Status Determination: Critical Perspectives" May 2009, Prefacio de Elizabeth Williams (p. 7): http://www.unhcr.org/refworld/docid/4a3f2ac32.html

19. ACNUR "Diez años después de Tampere. Recomendaciones del ACNUR a Suecia para su Presidencia de la Unión Europea" (Julio a Diciembre de 2009): http://www.acnur.org/biblioteca/pdf/7207.pdf
20. Vid nota 15.

gen seguros". La introducción de este tipo de listados –que ya eran y siguen siendo utilizados por parte de algunos Estados Miembros de la UE de forma unilateral– pretende evitar las solicitudes de asilo provenientes de nacionales o residentes de países generalmente considerados seguros. Su utilización ha sido desde hace años vista con preocupación por ha sido desde hace años vista con preocupación por ECRE, las Organizaciones no Gubernamentales y por el propio ACNUR. La razón de dicha preocupación estriba en los indicadores por los cuales un determinado país se incluye o no en dicho listado. ¿Se trata de criterios puramente objetivos que describen la situación a través de una COI que responde a estándares de calidad o priman criterios de control de flujos, intereses diplomáticos o de otra índole? ¿Estos listados se adaptan de manera consecuente al cambio de circunstancias que se puedan producir en los países de origen?

Francia, por ejemplo, utiliza actualmente un listado de 17 países de origen que considera seguros: Benin, Bosnia y Herzegovina, Cabo Verde, Croacia, Ghana, India, Macedonia, Madagascar, Mali, Mauritania, Mongolia, Senegal, Tanzania, Ucrania, Serbia, Armenia y Turquía.[21] ¿Significa esto que toda persona procedente de Mali, por ejemplo, tiene motivos infundados para solicitar asilo? ¿La solicitud de una mujer de Mali que reclama persecución por razón de género porque se ve obligada a contraer matrimonio y que ha sido sometida a mutilación (MGF) es infundada por provenir de un país considerado seguro? Mi consideración personal es que no. Creo que su caso tendría que ser estudiado en un procedimiento de asilo con todas las garantías.

Por el momento no existe un procedimiento para la adopción y modificación de la lista común de países de origen seguros ya que las disposiciones de la Directiva 2005/85/CE al respecto fueron anuladas en mayo del 2008 por el Tribunal de Justicia de la Comunidades Europeas.[22] Sin embargo la intención de algunos Estados de la UE es que sea operativa en un futuro. Por su parte España no ha aplicado hasta ahora tal tipo de listados. Pero si ha introducido en la actual ley de asilo (artículo 25.1.d)[23] la tramitación de

---

21. ECRE. Boletín de 16 nov 2009 "Discussion on Safe Countries of Origin in France". http://www.ecre.org/

22. Setencia TJCE de 6 de mayo 2008 - Asunto C?133/06 (Parlamento Europeo contra el Consejo de la Unión Europea). El TJCE falla anulando los artículos 29, apartados 1 y 2 (Lista mínima común de terceros países considerados de origen seguros) y 36, apartado 3 (Concepto de terceros países seguros europeos), de la Directiva 2005/85/CE.

urgencia en el caso de que la persona solicitante proceda de un país de origen considerado seguro. Ello no deja de ser, cuanto menos, preocupante dado que se discrimina a unos nacionales frente otros al establecer procedimientos diferentes dependiendo del país de origen del que procedan.

VI

¿Cual es la postura de España respecto al COI? ¿Cómo incide la Información sobre Países de Origen en nuestra jurisprudencia y nuestra legislación?

En materia de asilo, la doctrina jurisprudencial española se basa en la suficiencia de la prueba indiciaria que permita sostener la versión de los hechos establecidos por el solicitante de asilo, para tomar una decisión sobre el caso. No requiere, como en el procedimiento penal, una prueba plena. La exigencia de "indicios suficientes" del temor fundado de persecución —establecidos tanto por la actual ley de asilo (artículo 26.2)[24] como por la anterior (artículo 8)—[25] están intrínsecamente conectados con la veracidad de los hechos relatados por el solicitante de protección, que pueden corroborarse tanto por documentación aportada por el propio solicitante como por la información existente sobre el país de origen. Los tribunales van a tenerla en cuenta en la medida en que dicha información conste ya en el expediente o se presente durante el periodo probatorio.

Sin embargo, los tribunales no darán sin más validez al relato de persecución, aunque éste venga acompañado de información sobre el país de origen, si no existen indicios de una persecución individualizada.

Sirva de ejemplo lo que establece el Tribunal Supremo en la STS de 22 de Mayo 2009 – Recurso nº 1970/2006: "[…] No es ocioso recordar, en este sentido, que como tenemos dicho en numerosas sentencias, […] no existe una presunción de veracidad de las afirmaciones del solicitante de asilo cuando en su país de origen hay conflictos o disturbios. Tal planteamiento ha sido rechazado por este Tribunal Supremo, que en una jurisprudencia consolidada viene diciendo que aunque para la concesión del derecho de asilo no es necesaria, ciertamente, una prueba plena de que el soli-

---

23. Ley 12/2009, de 30 de octubre, reguladora del derecho de asilo y de la protección subsidiaria.
24. Vid nota 22
25. Ley 5/1984, de 26 de marzo, reguladora del Derecho de Asilo y de la Condición de Refugiado, según redacción por Ley 9/1994, de 19 de mayo.

citante haya sufrido en su país de origen persecución por motivos de raza, religión, nacionalidad, pertenencia a determinado grupo social u opiniones políticas, sí es necesario, al menos, que existan indicios suficientes de ello, pues de otro modo todo ciudadano de un país en que se produzcan graves trastornos sociales, con muerte de personas civiles y ausencia de protección de los derechos básicos del hombre, tendría automáticamente derecho a la concesión del asilo [...]".

La regla de exigencia de individualización del riesgo no ha sido, sin embargo, tan estricta en los casos en los que se ha estimado la autorización de residencia por razones humanitarias conforme a lo previsto en el artículo 17.2 de la anterior Ley de asilo,[26] es decir "cuando se trata de personas que, como consecuencia de conflictos o disturbios graves de carácter político, étnico o religioso, se hayan visto obligadas a abandonar su país y que no cumplen los requisitos para ser reconocidos como refugiados".

En este sentido se pronuncia el Tribunal Supremo en la STS de 18 de Julio 2008 – Recurso nº 2308/2005 respecto a una familia de georgianos de origen armenio: "[...] Estos informes, particularmente relevantes, como hemos dicho, por proceder de órganos de seguimiento y evaluación de la propia Administración, permiten concluir razonablemente que las graves agresiones y sucesos de violencia descritos por los interesados al pedir asilo son ciertos, por mucho que no tengan su origen en ninguna persecución étnica debida a su origen armenio sino en la situación general de violencia de su país, que la misma instructora del expediente reconoció en su informe [...]".

Debemos partir de la base de que no todo supuesto de "temor de persecución" esta documentado ni existe siempre información sobre el país de origen que refiera casuísticas similares. En esos casos, al no existir "fundamentación" de dicho temor, el recurrente obtendrá, casi con toda probabilidad un fallo negativo a sus pretensiones. Y en el caso de que se presenten informes referidos a la "situación general de un determinado país" el tribunal les otorgará generalmente poca importancia.

Véase sino el razonamiento siguiente: "[...] salvo unos documentos extraídos de la página web de Amnistía Internacional sobre la situación general de Bielorrusia, que, a falta de mayores pruebas, de nada o muy poco sirven a efectos de acreditar una persecución contra él[...]"[27]

---

26. Vid nota 25.
27. STS. Sala Tercera, de lo Contencioso-Administrativo, de 22 de Mayo 2009 - Recurso nº 4916/2006.

A esos supuestos se añaden otros en los que aún existiendo COI relevante, ésta no ha sido aportada por ninguno de los actores en el proceso o no lo ha sido de manera adecuada.

Por esta razón, las organizaciones que nos dedicamos a la investigación COI[28] debemos ser extremadamente cuidadosas a la hora de presentar informes de investigación sobre un país en particular, y plegarnos al cumplimiento de todos los estándares de calidad citados.

Los informes COI que elaboremos a petición de la defensa del recurrente han de ceñirse a las preguntas planteadas por quien lo insta y a los datos proporcionados. Dependiendo de lo abstractas o concretas que sean las cuestiones el informe será más o menos general. De ahí que sea fundamental que el abogado formule las preguntas lo más "certeramente" posible.[29] Pondré un ejemplo: ante una petición de informe sobre "la situación social y política de Colombia", en la que no se proporcione ningún dato más, el investigador COI solo podrá emitir un informe amplio. El investigador intentará abarcar diferentes aspectos, pero no podrá describir todas y cada uno de las posibles violaciones de derechos humanos que puedan ser descritas en las principales fuentes COI sobre Colombia. Este tipo de informe, como hemos visto, de poco servirá como "indicio suficiente" e incluso podrá ser rechazado por el tribunal si se presenta como prueba.[30] Si por

---

28. Sin pretensión de exhaustividad, en España los Centros de Documentación no gubernamentales dedicados a la búsqueda y elaboración de informes COI en el contexto del asilo son principalmente: la oficina del ACNUR en España, la sección española de Amnistía Internacional, el CIRDAM (Centro de Información, Recursos y Documentación sobre Asilo y Migración perteneciente a ACCEM), el Colegio Nacional de Doctores y Licenciados en Ciencias Políticas y Sociología, y la Comisión Española de Ayuda al Refugiado (CEAR).

29. Las dificultades para formular de manera adecuada las cuestiones sobre COI surgen en los casos en los que el abogado carece de contacto con el recurrente al que defiende, por lo que no puede obtener ciertos datos que podrían ser necesarios para poder volcar una información sobre el país de origen más precisa y que acredite la persecución de manera más "individualizada". Deberá basarse, en dichos casos, en la información que conste en el expediente, mayormente alegaciones realizadas por el solicitante (que a menudo desconoce la mecánica del procedimiento de asilo y qué podría omitir datos fundamentales) y otros datos que hayan podido aportarse durante la instrucción del expediente.

30. No son infrecuentes los autos por los que se rechazan durante el periodo probatorio informes elaborados por la organización "x" por entender el tribunal que son innecesarias por constar ya en el expediente otros informes "y". Sin embargo, ¿cómo cono-

el contrario lo que se solicita es un informe sobre "el posible reclutamiento forzoso de jóvenes afroamericanos en Colombia" y se proporcionan otros datos como el agente perseguidor (grupos guerrilleros o paramilitares), zona de residencia, y la edad, por ejemplo, los resultados serán probablemente mucho más útiles para la posible defensa del recurrente.

Una muestra de que una presentación apropiada de COI favorece, sin duda alguna, un fallo favorable a la recurrente extranjera, lo encontramos en la conocida STS de 11 de Mayo 2009 – Recurso nº 3155/2006–.

En esta sentencia, el Tribunal Supremo reconoce a una mujer nigeriana víctima de mutilación genital femenina (MGF) y de matrimonio forzoso su condición de refugiada por razón de género. En el fallo, va a ser crucial la Información del País de Origen de la que el propio TS tiene conocimiento a través de otros pronunciamientos anteriores[31] así como la que se aporta a autos, en el curso del periodo probatorio, sobre la situación sociopolítica de Nigeria, en concreto un informe del ACNUR. El Tribunal Supremo, tras considerar verosímil el relato de la recurrente, va a considerarlo acreditado (a nivel indiciario) en base a los datos obrantes en el expediente y en las actuaciones. Es decir aquellos referentes a la información sobre

---

ce el Tribunal *a priori* que el informe de la organización "x" no aportará ninguna evidencia nueva? Por supuesto, que es también papel del abogado defender el porqué de la importancia de la prueba propuesta mediante apelación.

31. En concreto, el TS afirma: "[…] Más específicamente, en STS de 10 de octubre de 2006 -RC 6597/2003 - recogimos el criterio del ACNUR sobre la práctica de la mutilación o ablación genital en Nigeria, en el sentido de que " existen numerosos informes que hacen dudar de que en Nigeria finalmente se otorgue protección efectiva a las personas que intentan evitar la mutilación genital ".... concluyendo en dicha sentencia que la huida con la finalidad de evitar esa reprobable práctica de la ablación genital encuentra acomodo y acogida dentro de las causas de asilo por constituir la amenaza de dicha práctica una persecución por razón de género encuadrable entre las persecuciones sociales a que se refiere la Convención de Ginebra. En estas y otras sentencias sobre casos similares, referidas a solicitantes de asilo procedentes de Nigeria, transcribíamos un informe del ACNUR que resulta sumamente expresivo de la situación de las mujeres en ese país. Decía aquel informe: " según la ONG Human Rights Watch los derechos de las mujeres se violan de un modo rutinario. El Código Penal establece explícitamente que la violencia ejercida por un hombre dentro del matrimonio no son ofensas si están permitidos por la costumbre o no se infringen daños corporales graves. Los matrimonios infantiles continúan siendo algo común sobre todo en el norte de Nigeria. Las mujeres no poseen derechos en derecho hereditario de las propiedades y se estima que el 60% de las mujeres nigerianas son sometidas a mutilación genital en todo el país" […]".

Nigeria, la coherencia y precisión del relato de la recurrente puestos en relación con el contexto social del país del que procede, y el dato cierto e indubitado de que la actora ha sufrido efectivamente una ablación genital. Todos esos datos, en su conjunto, llevaron al Tribunal a reconocer a la recurrente el derecho de asilo.

Los efectos positivos del "buen uso" del COI se observan también en otros supuestos (señalaré tres, a modo de ejemplo):

– Aceptación de una prueba denegada en primera instancia, con reposición de las actuaciones procesales al estado y momento en que debieron ser admitidas pruebas documentales (informes COI). El Tribunal Supremo ha considerado que en ciertos casos conocer la situación del país de origen "no es impertinente o irrelevante para la adecuada decisión del litigio, porque no cabe descartar que ese conocimiento detallado pudiera llegar a proporcionar base bastante para justificar unos indicios suficientes de fundado temor de persecución".[32]

– Cuando se cuestione la alternativa de huida interna dentro del país de origen (Internal Flight Alternative o IFA): El órgano de decisión en la fase administrativa va a emplear a menudo el argumento de que la persona que teme ser perseguida podría haber buscado refugio en otra parte del propio país –sobre todo en aquellos casos en los que el agente perseguidor no es el Estado sino un agente tercero– antes de haber optado por buscar refugio en el exterior. En este caso, la presentación de un informe COI que justifique que en ciertos casos dicha alternativa (IFA) no es siempre posible, podrá provocar un giro en la apreciación del tribunal a la hora tomar su decisión. Sirva de ejemplo la STS de de 31 de Marzo 2009 –Recurso nº 2740/2006–, sobre recurrentes colombianos en la que el Tribunal razona la imposibilidad de los recurrentes de haberse trasladado a una zona del país más segura, basándose para ello en un Informe del ACNUR titulado "Consideraciones sobre la protección internacional de los solicitantes de asilo y de los refugiados colombianos".

– Para dirimir cuestiones de interpretación: pongamos como ejemplo los casos de solicitantes de asilo que reclaman protección por haber sido víc-

---

32. Ver en este sentido la STS - Sala Tercera, de lo Contencioso-Administrativo, de 31 de Enero 2006 - Recurso nº 7965/2002.

timas de secuestros llevados a cabo por grupos guerrilleros o paramilitares en Colombia, y que son sometidos a extorsiones tras su liberación. Dichos supuestos suelen ver rechazadas sus solicitudes en base a ser consideradas cuestión de índole económica que no tiene cabida en la definición de refugiado. Sin embargo, la existencia de un informe COI que establezca que en ciertos supuestos, "rehusar o detener el pago es con frecuencia interpretado por los agentes de persecución como una prueba de oposición política, debido a la importancia de la práctica del secuestro como estrategia de guerra y al deterioro del conflicto" puede convertir la consideración de "índole económica" en otra de "índole política" y en consecuencia entender sus temores de persecución fundados. En este sentido la STS de 02 de Enero 2009. Recurso nº 4251/2005: Se trata de una demandante colombiana que alega extorsión perpetrada por paramilitares. El TS falla a favor de la recurrente al considerar, entre otros fundamentos "[...] Continúa declarando la Sala de instancia,[33] como justificación de su decisión denegatoria del derecho de asilo, que resulta más que dudoso que esa persecución de los paramilitares, de ser cierta, pueda erigirse en motivo de asilo, pues no se produce por razón de raza, religión, nacionalidad, opinión política o pertenencia a un grupo social determinado. Tampoco compartimos este parecer del Tribunal a quo porque en los informes del Alto Comisionado de las Naciones Unidas para los Refugiados, y concretamente en el emitido en 2002 ("consideraciones sobre la protección internacional de los solicitantes de asilo y los refugiados colombianos"), se afirma que rehusarse a pagar o declararse incapaz de pagar es visto como un acto o indicio de oposición política, y así lo ha admitido y reconocido la misma Sala de instancia en otras sentencias [...]".

No quiero cerrar este apartado referente a la jurisprudencia sin hacer mención a un magnífico ejemplo de cómo la los tribunales se pronuncian sobre el uso y papel que tiene el COI en las decisiones sobre asilo. Lo encontramos, eso sí, fuera de nuestras fronteras: Se trata de la Sentencia de *N.A. contra el Reino Unido*, del Tribunal Europeo de Derechos Humanos (TEDH): Dicha sentencia resuelve la reclamación de un ceilandés que alegaba riesgo real de maltrato en caso de ser retornado a Sri Lanka. Bostjan Zalar y Hugo Storey, de la IARLJ,[34] estudiaron dicha sentencia desde el

---

33. Se trata de la Sección Tercera de la Sala de lo Contencioso-Administrativo de la Audiencia Nacional

punto de vista, precisamente, de la valoración que en la misma se hace del COI. En su análisis señalaban como el recurrente se basó en reciente información sobre Sri Lanka proveniente de varias fuentes, incluido el ACNUR, que indicaba que la situación en dicho país había empeorado y que el proceso de paz se había roto. Por su parte el Gobierno del Reino Unido, se apoyaba en "Country Guidance cases",[35] que describían, a contrario sensu, como la situación en Sri Lanka no se había deteriorado tanto como para que se considerara que en general los tamiles sufrirían algún riesgo. Según los citados autores, el primer criterio para la valoración de COI, mencionado por el TEDH, era la exactitud de la información vertida. Basó el tribunal su valoración, así mismo, en la independencia, fiabilidad, objetividad y reputación de las fuentes COI, en la metodología utilizada en la compilación las mismas, en la consistencia de sus conclusiones y en la posible corroboración de la información proveniente de varias fuentes. El TEDH falló finalmente que existía violación del artículo 3 de la Convención Europea de Derechos Humanos.

VII

En cuanto a la legislación española, en la recién derogada Ley de asilo[36] y en su reglamento de aplicación,[37] apenas se hacía alusión a la información del país de origen. Tampoco proporcionaba ningún tipo de orientación en cuanto a parámetros de calidad COI, con excepción de la referencia del artículo 9 del reglamento al deber de la Administración de investigar las circunstancias objetivas alegadas y valorar su trascendencia a los efectos del asilo; o la verificación mencionada en el artículo 24.

---

34. Working Party on Country of Origin Information and Country Guidance (COI-CG). International Association of Refugee Law Judges (IARLJ). "Recent developments (paper prepared by Bostjan Zalar and Hugo Storey for the IARLJ Conferencegress in Cape Town, January 2009)": http://www.iarlj.org/general/images/stories/wp_papers _cape_town/hugo_storey_bostjan_zalar_-_coicg_working_party.pdf .

35. Los "country guidance cases" son casos basados en Guias elaboradas ex profeso por funcionarios británicos sobre la situación de determinados países, y actualizadas periódicamente.

36. Vid nota 25.

37. Real Decreto 203/1995, de 10 de febrero, por el que se aprueba el Reglamento de aplicación de la Ley 5/1984, de 26 de marzo, reguladora del derecho de asilo y de la condición de refugiado, modificada por la Ley 9/1994, de 19 de mayo (BOE 02-03-1995).

La nueva Ley 12/2009, de 30 de octubre, reguladora del derecho de asilo y de la protección subsidiaria[38] es más prolija que la ley precedente en cuanto que alude a ciertos parámetros: Integra la "contradicción de las alegaciones del solicitante con información suficientemente contrastada sobre su país de origen" como causa de denegación (artículo 21.2.b). Exige que la información necesaria para realizar una evaluación de asilo, o para revisar la revocación o cesación del estatuto de refugiado y de la protección subsidiaria no se obtenga directamente de los responsables de la persecución o de los daños graves (artículos 26 y 45.2). Establece la garantía de que la autoridad competente pueda obtener información precisa y actualizada de diversas fuentes, como por ejemplo del ACNUR, en los supuestos de cese y revocación (artículo 45.2). Por último indica que se tendrá en cuenta la orientación que pueda desprenderse de los actos pertinentes de las instituciones de la Unión Europea o de organizaciones internacionales relevantes, al efecto de valorar si una organización internacional controla un Estado o una parte considerable de su territorio y proporciona una protección efectiva (artículo 14.3). Pero no va más allá en cuanto a estándares de calidad COI, en el sentido descrito por las directivas citadas[39] o más aún por las "Common EU Guidelines". Habrá que esperar, pues, al desarrollo reglamentario, para comprobar si entonces se incluyen.

Respecto a publicaciones sobre la materia, España no destaca en la producción bibliográfica sobre Información de Países de Origen en el contexto del asilo. Ésta es prácticamente inexistente, a diferencia otros países donde encontramos interesantes análisis y guías, amén de estudios comparativos jurisprudenciales de incomparable valor.[40]

Diría pues, sin temor a equivocarme, que la experiencia española puede considerarse aún profana en materia COI si la comparamos con países en los que el bagaje tanto doctrinal como jurisprudencial al respecto es bastante más amplio.[41] Ello podría deberse a varios factores. Entre ellos está la relativa juventud de España en el campo del asilo, si la comparamos con el resto de países con más experiencia en la materia,[42] que cuenta además con un relativamente reducido número de solicitantes de asilo;[43] o la ausen-

---

38. Que incorpora en el derecho español las Directivas ya citadas. Vid notas 3 y 4.
39. Vid notas 3 y 4.
40. Se pueden consultar interesante bibliografía sobre COI en Country Information & Research Centre "Ressources regarding Country of Origin Information (COI) Research & Standards":http://www.cirec.ch/files/COI_Standards_Ressources.pdf
41. Reino Unido, Estados Unidos, Canadá, Dinamarca, por citar algunos.

cia de potentes centros de documentación gubernamentales dedicados a la COI[44] si los ponemos en relación con centros muy especializados como el Danish Inmigration Service, Inmigration y Refugee Board of Canada, US Bureau of Citizenship and Inmigration Services, y el UK Home Office, entre otros. En un futuro y tal y como he dicho al comienzo, la prevista EASO supondrá un avance en éste sentido, siempre y cuando se recojan las propuestas de ACNUR, ECRE y demás organizaciones expertas en asilo y COI.

VIII

A lo largo de este capítulo he descrito la evolución de la Información sobre Países de Origen, su importancia en el proceso de creación de un sistema común de asilo y cómo la futura EASO tendrá un papel fundamental en la recopilación, tratamiento, y homogeneización de prácticas COI, que deberá contar con el "know how" de organizaciones intergubernamentales y no gubernamentales especializadas en la materia. En España, la jurisprudencia tiene una gran responsabilidad en cuanto a la valoración e interpretación de la información COI, ya que sirve de guía a los demás actores en el procedimiento de asilo. Estos tendrán, por otra parte, el deber de proporcionar una COI con unos mínimos estándares de calidad, porque de ello podría depender, por ejemplo, que la decisión sobre la solicitud de protección internacional de Ayan, la mujer somalí, sea o no favorable.

---

42. Por ejemplo la Oficina de Asilo y Refugio, más conocida como la OAR, no fue creada hasta febrero de 1992
43. Durante el 2008 en España hubo 4480 solicitudes de asilo, frente a 35160 en Francia, 31160 en Italia, y 21370 en Alemania. ACNUR "Asylum Levels And Trends In Industrialized Countries 2008. Statistical Overview of Asylum Applications Lodged in Europe and selected Non-European Countries". 24 March 2009.Tabla 1 (pag 13): http://www.unhcr.org.au/pdfs/AsylumReport2008_Final_notembargoed.pdf
44. El Centro de Documentación y Archivos adscrito al Ministerio del Interior de que dispone la Oficina y Asilo y Refugio cuenta con fuentes COI primarias, principalmente Embajadas de España en diferentes países y oficinas de representación españolas en el exterior, pero no cuenta con los prolijos recursos de que disponen otros Centros de Documentación europeos y americanos. Participa, sin embargo, en foros de intercambio de COI o reuniones intergubernamentales que le proporcionan asimismo información al respecto (IGC COI Group, Eurasyl, GDISC, entre otras) e intervino, la igual que la ONG Accem en el "COI Network III - Training, Master Class, Good Practice" (Vid nota 16)

5. La protezione internazionale ed il respingimento alle frontiere marittime

Fulvio Vassallo Paleologo[1]

L'art. 2 del Testo Unico sull'immigrazione[2] riconosce allo straniero presente nel territorio –anche se irregolare– i diritti fondamentali riconosciuti dalla Costituzione italiana, dai trattati e dalle convenzioni internazionali che sono stati sottoscritti dall'Italia. In particolare, va richiamato il diritto fondamentale sancito dalla Convenzione europea a salvaguardia dei diritti dell'uomo (CEDU)[3] che all'art. 3 vieta i trattamenti inumani e degradanti. Si tratta della norma che, anche a livello europeo, ha prodotto una cospicua giurisprudenza che ha permesso di sanzionare o di sospendere con un ricorso in via d'urgenza, ex art. 39 del regolamento di procedura della Corte, espulsioni e respingimenti sommari di immigrati irregolari.

Nel 2004, ad esempio, la Corte Europea dei diritti dell'uomo ha intimato all'Italia di sospendere l'espulsione di 11 migranti salvati in acque internazionali, poco prima di annegare, dalla nave tedesca Cap Anamur, ma in

---

1. Università di Palermo, Associazione Studi Giuridici sull'Immigrazione.
2. Art. 2 d. lgs. 25 luglio 1998, n.286: "Allo straniero comunque presente alla frontiera o nel territorio dello Stato sono riconosciuti i diritti fondamentali della persona umana previsti dalle norme di diritto interno, dalle convenzioni internazionali in vigore e dai principi di diritto internazionale generalmente riconosciuti".
3. Art. 3 Convenzione di Roma del 4 novembre 1950 (CEDU): "Nessuno può essere sottoposto a tortura né a pene o trattamenti inumani o degradanti".

quella occasione, ed in altre successive, il governo italiano ha disatteso la richiesta di sospensione giunta dai giudici di Strasburgo. Fino all'autunno del 2008 anche altri paesi europei sono stati sanzionati dalla Corte. Quindi l'art. 3 della Convenzione Europea a salvaguardia dei diritti dell'uomo è una norma baluardo, importante da conoscere e valorizzare, anche per il rapporto che si deve creare su questo terreno tra avvocati e associazioni: si tratta infatti di ricorsi che vanno giocati sul filo delle ore per i quali non è possibile, ovviamente, aspettare settimane per raccogliere le procure e per articolare i mezzi di prova.

In Italia esiste un ventaglio di diritti fondamentali riconosciuti ad ogni modo ai migranti, sia dalle norme interne che dalle norme internazionali e anche, più recentemente, dal diritto comunitario. Inoltre, si stanno aprendo nuovi scenari, molto interessanti, di ricorso, in via incidentale alla Corte di Giustizia, per fare valere i diritti fondamentali.

Sulla carta esistevano dunque strumenti di ricorso abbastanza efficaci per sanzionare le operazioni di respingimento collettivo e di espulsioni sommarie portate avanti ripetutamente negli ultimi anni, sia pure con caratteristiche molto diverse da luogo a luogo. Questi strumenti nella pratica non hanno consentito una tutela efficace dei migranti, come era evidente già nel 2004 a Lampedusa, quando circa 1.100 immigrati in un'occasione (e poi in molte altre successive fino al marzo del 2006), giunti a Lampedusa dopo essere stati soccorsi in acque internazionali, recuperati da mezzi della guardia costiera a varie miglia a sud di quell'isola, furono rinchiusi in un centro di detenzione amministrativa che allora era ubicato all'interno della zona aeroportuale. Nel giro di pochi giorni quegli stessi migranti furono respinti verso la Libia, senza alcun provvedimento formale, perché si riteneva, d'accordo con la polizia di Gheddafi, che, malgrado non fossero libici, bastasse l'accertamento della loro provenienza da quel paese. Non c'era ancora un accordo di cooperazione, formalizzato come quello firmato il 30 dicembre 2007 dal sottosegretario Marcella Lucidi, che Berlusconi ha poi "riempito" con qualche milione di euro il 30 agosto del 2008 −peraltro con effetti fallimentari perché nella seconda metà dell'anno gli arrivi dalla Libia sono più che raddoppiati rispetto all'anno precedente.[4]

---

4. La situazione è drasticamente cambiata a partire dal mese di maggio 2009, quando il Governo italiano ha adottato sistematicamente la pratica c.d. dei "respingimenti" verso la Libia delle navi cariche di migranti e rifugiati intercettati in acque internazionali. Ciò ha provocato un crollo del numero degli sbarchi via mare: dal 1 maggio al

Lampedusa rappresentava già nel 2004 un luogo in cui le autorità dicevano agli immigrati che vi sbarcavano: "Tu non esisti su questo territorio, quindi non hai neanche i diritti che spettano, comunque, a un immigrato irregolare". Tra i quali, ovviamente, figurano il diritto di avvalersi della protezione internazionale, ex Convenzione di Ginevra; il diritto di chiedere asilo o protezione sussidiaria in base alle normative comunitarie; il diritto, se minorenne, di fare valere l'art. 19 del testo unico che vieta l'espulsione di minori. Dopo una parentesi di due anni, caratterizzata dall'intervento di alcune agenzie umanitarie che hanno elevato la soglia dei diritti riconosciuti ai migranti giunti a Lampedusa, le ultime decisioni del ministro Maroni[5] hanno riportato la situazione a quella anteriore al 2005 e molti barconi carichi di migranti che avrebbero potuto raggiungere Lampedusa sono stati deviati verso le coste meridionali della Sicilia

II

Ricordo che per la giurisprudenza, internazionale e interna, quando si parla di espulsione o di respingimento si tratta sostanzialmente della stessa cosa: i divieti di allontanamento (art. 19 del T.U. sull'immigrazione) e le garanzie procedurali (art. 13 della Costituzione) che valgono per l'espulsione valgono infatti anche per tutti i casi di respingimento. Ci sono norme fondamentali in uno stato di diritto che aspirerebbe a restare tale, come per esempio l'art. 13 della Costituzione che prevede che, se una persona vede limitata la propria libertà personale, entro 48 ore debba esserci la comunicazione al magistrato, oltre ad una convalida successiva dopo altre 48 ore. Si potrebbe continuare elencando altre norme, come il riconoscimento del diritto di difesa e del suo necessario carattere di effettività, contenuto

---

al 31 agosto del 2008 sono sbarcate in Italia 1.400 persone, mentre nello stesso periodo del 2008 ne erano arrivate circa 15.000 (Fonte: intervento del Ministro dell'Interno Maroni alla IX Conferenza ministeriale su immigrazione illegale, criminalità organizzata, corruzione e terrorismo, Brdo-Slovenia, 8/9/2009). Nei confronti dei "respingimenti" sono state numerose le critiche da parte di cariche istituzionali, esponenti della Chiesa, ONG, associazioni ed enti di tutela.

5. Ci si riferisce alla decisione di bloccare i trasferimenti degli immigrati giunti a Lampedusa verso altri centri sul territorio nazionale, come invece avveniva in precedenza. Il risultato è stato un intollerabile sovraffollamento della struttura del centro di primo soccorso e accoglienza di Lampedusa. Nei mesi successivi non sono mancate proteste anche clamorose che hanno visto protagoniste anche le autorità dell'isola

nell'art. 24 della Costituzione e nella CEDU. In entrambi i casi, per essere effettivo, il diritto di difesa contiene il diritto fondamentale ad un ricorso sospensivo che non dovrebbe essere interdetto da un'esecuzione troppo immediata delle misure di allontanamento forzato. Per esempio, c'è una bellissima sentenza della Corte di Cassazione, la 105 del 2001, che faremmo bene a rileggere e che individua in tutte le procedure di allontanamento forzato misure limitative della libertà della persona e dunque soggette, in base all'art. 13 della nostra Costituzione, al controllo del magistrato.

Di fronte alla chiarezza ed alla costanza dei principi affermati dalla Corte costituzionale, quando parliamo di leggi e di norme parliamo di un tessuto normativo che cambia ogni giorno. Questa materia muta grazie a sentenze favorevoli per gli immigrati ma cambia anche in seguito a decisioni prese da chi amministra soltanto in nome della sicurezza o dell'ordine pubblico. Un possibile mutamento nel senso di una applicazione conforme alla Costituzione in favore degli immigrati si è visto, per esempio, nel 2004, quando la Corte Costituzionale introdusse dei principi fondamentali di garanzia nelle fasi del trattenimento o dell'espulsione del cittadino straniero irregolare, richiedendo la convalida da parte del magistrato. Poi, subito dopo, fu approvata la legge 271[6] che affidò la competenza per le convalide ai Giudici di pace, spesso soggetti condizionati dagli uffici di polizia, attorniati da avvocati di ufficio che non intervengono mai, al punto che i verbali sono prestampati e lo spazio loro riservato, di qualche rigo, rimane sempre in bianco. La legge 271, concepita in nome della sicurezza e dell'ordine pubblico, contraddisse i principi garantisti affermati nel 2001 e nel 2004 dalla Corte Costituzionale, reintroducendo sostanzialmente la stessa situazione normativa foriera di gravi violazioni dei diritti fondamentali nelle fasi cruciali dell'allontanamento delle persone dal nostro territorio.

III

Nei porti dell'Adriatico la casistica è molto diversificata perché ci sono migranti anche molto giovani che vengono scovate dentro un TIR in una zona di parcheggio di un porto e altre persone che vengono scoperte su una nave al momento dell'attracco in banchina. La nave può battere bandiera italiana, greca, o di altro Paese. Allo stesso tempo, ci possono essere per-

---

6. Decreto legge 14 settembre 2004, n. 241, convertito con l. 12 novembre 2004, n. 271 "Disposizioni urgenti in materia di immigrazione".

sone che vengono scoperte sulla terraferma, come è successo a settembre 2008 in Calabria. In quel caso, dopo averle scoperte la polizia ha inseguito il mezzo che ha fatto sbarcare queste persone, lo ha individuato, ha avuto prova che le persone provenivano da quel mezzo e quindi dalla Grecia, e ha attuato una pratica di riammissione: dalla Locride queste persone sono state trasferite a Brindisi, imbarcate su una nave che non era quella con la quale erano arrivate e rimandate indietro a Patrasso. I respingimenti sulla base dell' accordo bilaterale Italia-Grecia sottoscritto nel 2000 per la riammissione dei cittadini non regolari da un Paese all'altro continuano ancora oggi con i caratteri dei respingimenti collettivi malgrado l'art. 23 affermi che le disposizioni di questo accordo non ostacolano l'applicazione delle disposizioni degli accordi sottoscritti dalle parti contraenti in materia di tutela dei diritti dell'uomo.

Conosciamo oramai bene la evoluzione della situazione a Patrasso dopo che la polizia ha preso d'assalto il campo profughi arrestando e deportando tutti coloro che si trovavano ancora al suo interno.

IV

Credo che bisognerebbe tutelare maggiormente i diritti fondamentali della persona migrante al momento dello sbarco e dare una sistemazione provvisoria e documenti di identificazione a tutte le persone che riescono a toccare terra in Italia, con il riconoscimento dei diritti fondamentali previsti dall'art. 2 del Testo Unico sull'immigrazione.

In Sicilia abbiamo anche lavorato, in alcuni casi, per persone che erano su navi commerciali e che, grazie alla collaborazione del comandante che era ben lieto di "sbarazzarsene", erano scese a terra manifestando la volontà di chiedere asilo, tanto che noi abbiamo dovuto "negoziare" a lungo con la questura per attivare la procedura.

Erano casi molto isolati. In genere, quando ci sono casi isolati le cose vanno meglio. Se i casi diventano molti, come alle frontiere portuali dell'Adriatico, l'atteggiamento diventa più restrittivo, in qualche caso in totale spregio delle norme di diritto internazionale. Ma questo inasprimento è del tutto immotivato e si lega soltanto alla strumentalizzazione della paura ed alle politiche di sfruttamento nei confronti dei migranti. Infatti, anche se l'aumento di richieste di asilo comporta un passaggio da 15.000 o 20.000 a 40.000 richieste, rispetto a 500.000 immigrati che entrano ogni anno in Italia irregolarmente per diverse vie, o con visti di ingresso turistico, i richiedenti asilo che giungono alle frontiere dell'Adriatico non possono essere chiaramente ritenuti il principale problema che riguarda la sicurezza dei cittadini, da contrastare anche a costo di negare loro i diritti fondamentali.

Il problema vero che riguarda anche noi italiani è che alle frontiere marittime, e talora anche sul territorio nazionale, quando si tratta di immigrati irregolari abbiamo una situazione di sospensione temporanea dello stato di diritto e del principio di territorialità. Esistono in sostanza parti di territorio dove la polizia può operare senza rispettare le norme, la legge. Questo, purtroppo, come è successo in passato (abbiamo recentemente visto l'esito dei processi Diaz e Bolzaneto), non è più un elemento del tutto anomalo nel nostro attuale panorama legislativo e politico. Mi preoccupa molto anche il fatto che alcune organizzazioni che prima erano presenti sul territorio, lavoravano e garantivano comunque un minimo di diritti, si siano accorte che la loro azione era praticamente inconcludente e si siano ritirate. Peraltro, mi risulta che questo stia succedendo anche in alcune frontiere aeroportuali: sia a Roma Fiumicino che a Milano Malpensa ci siano seri problemi di permanenza delle organizzazioni come il CIR (Consiglio italiano per i rifugiati), che garantivano alcuni servizi di assistenza, anche legale, alle frontiere. Effettivamente, questi problemi si verificano anche nelle zone di transito degli aeroporti internazionali, in Italia in particolare in quelli di Roma e di Milano. Si sono verificati problemi simili anche a Catania. Quando si è cercato di "intercettare" con gli avvocati gli immigrati che erano all'aeroporto di Catania in attesa di essere trasferiti nel paese di origine, si era sicuri che si trovavano lì, ma veniva negata la possibilità di qualunque intervento di assistenza.

In altre parole, in questa situazione di negazione di territorialità, il fatto che alcune persone entrino in certe procedure in certi luoghi determina la loro scomparsa dal territorio, quindi la loro invisibilità, prima ancora che abbiano lasciato realmente il nostro territorio. Questo mette al sicuro chi porta avanti l'operazione di allontanamento dal territorio con grande rapidità, spesso tra il venerdì e la domenica perché è più difficile trovare gli avvocati in questi giorni. Di fatto, queste autorità riescono a portare a compimento l'operazione di deportazione senza che ci sia la possibilità effettiva di dispiegare una qualsiasi difesa legale.

E' già di per sé difficile, per un operatore di sportello convenzionato col Ministero dell'Interno, raggiungere una persona in una zona di frontiera marittima e portuale (peraltro, mi dicono che nell'Adriatico si tratta di zone

molto fortificate). I nostri porti in Sicilia sono meno difficili da raggiungere perché una persona può arrivare sulla banchina e, se si infila, riesce
quasi a toccare gli immigrati che sbarcano a Lampedusa a Porto
Empedocle (anche se a Lampedusa c'è l'interdizione di un contatto diret-
to). Invece, si rileva che il porto di Bari è un porto praticamente militariz-
zato e nessuno riesce a contattare i migranti prima del loro reimbarco verso
la Grecia.

Del resto l'Italia sta seguendo in questo esempi autorevoli. Ricordo
quando negli anni '90 in Germania inventarono un processo particolare
negli aeroporti per non riconoscere le stesse garanzie attribuite a persone
in analoghe condizioni di irregolarità che si trovavano in altre parti del
territorio tedesco. Era un processo che permetteva un'espulsione molto
rapida e possibilità minime di ricorso; quindi funzionava per far partire
velocemente le persone che venivano respinte all'aeroporto di Francoforte.

V

Purtroppo l'Italia sta andando oltre, perché chi governa i processi migra-
tori, o determina le prassi amministrative, tenta addirittura di falsificare la
realtà. Né i cittadini, né gli operatori umanitari sono sempre in grado di
accertare le eventuali violazioni in relazione al rispetto dei diritti fondamentali delle persone migranti, a prescindere dallo status di soggiorno. Si
permette così, in nome della sicurezza, una sperimentazione sui migranti
di tecniche di cancellazione sostanziali dei diritti fondamentali della persona, che presto potranno essere applicate anche nei confronti degli italiani. Quando la maggioranza degli italiani scoprirà questo tragico imbroglio,
potrebbe essere troppo tardi,[7] lo stato di diritto sarà ormai un ricordo lon-
tano.

In ogni caso fare ricorso individuale in caso di espulsioni o allontana-
menti forzati dopo il respingimento alla frontiera è molto difficile perché
la persona scompare venendo allontanata dal territorio oppure, se rimane
in Italia o vi fa rientro, sarà in una condizione di tale ricattabilità che ben
difficilmente reggerà da sola il peso di un ricorso contro la questura o le
autorità materialmente autrici dell'allontanamento forzato. Ma come si è
già fatto nel caso dei cittadini Rom comunitari, si possono portare alla

---

7. Per chi volesse approfondire questi argomenti rinvio al sito dell'Associazione Altro
   Diritto (www.altrodiritto.unifi.it).

Commissione Europea delle denunce avendo documentato i casi, indicato i fatti, dato i nomi.

Peraltro fra Italia e Grecia c'è una situazione diversa da quella che esiste tra Italia e Libia: è possibile realizzare un collegamento tra avvocati italiani e greci. E' possibile intercettare già a Patrasso i casi di migranti minori, di donne con bambini piccoli o di richiedenti asilo, con buone possibilità che la loro istanza venga accolta e, con un sistema di avvocati greci che si colleghi con gli avvocati italiani, fare arrivare delle denunce, anche collettive, alla Commissione Europea.

A differenza della Corte Europea dei Diritti dell'Uomo (CEDU), che interviene solo in caso di ricorsi individuali anche plurimi, la Commissione Europea —se verifica che uno Stato si comporta contraddicendo una normativa comunitaria o la sta applicando in un senso non coerente all'interpretazione che ne forniscono la stessa Commissione e la Corte di Giustizia— può anche aprire una procedura di infrazione. Si deve ricordare come la minaccia della procedura di infrazione davanti alla Commissione UE ha costretto il ministro Maroni a "rimangiarsi" l'aggravante di clandestinità per gli immigrati comunitari da espellere e a ridurre fortemente, se non ad annullare del tutto, il decreto legislativo che era già pronto per limitare ulteriormente la libera circolazione dei comunitari. In altre parole, quando si fanno arrivare a Bruxelles denunce circostanziate, se si ha ragione alla luce dei trattati internazionali e delle direttive comunitarie, può succedere che da Bruxelles arrivi un segnale forte rispetto al governo. A mio parere, è quello di cui abbiamo bisogno per sollevare il velo che copre gli scandalosi respingimenti dai porti dell'Adriatico verso la Grecia.

Vorrei aggiungere che, partendo dall'esperienza fatta in Sicilia a Lampedusa, c'è un altro strumento possibile di difesa e di denuncia. Abbiamo sollecitato più volte delle ispezioni da parte del Comitato europeo per la prevenzione della tortura, che è venuto e ha fatto rapporti al Consiglio d'Europa, e abbiamo richiamato l'intervento di un rapportatore dell'Alto Commissariato delle Nazioni Unite per i Diritti Umani.

I rappresentanti dell'Alto Commissariato ONU per i diritti umani hanno pubblicato diversi rapporti di condanna per le situazioni che hanno trovato a Lampedusa o nei Centri di Permanenza Temporanea nel centro-sud (mi riferisco in particolare a quelli calabresi). Questi rapporti sono stati utilizzati solo in parte, e si è registrata una scarsissima collaborazione da parte degli uffici stranieri delle Questure italiane. Una delle ragioni che hanno costretto lo scorso governo a creare la "Commissione De Mistura", che poi è rimasta senza continuazione perché tanto il disegno di legge sull'immigrazione Amato-Ferrero, quanto l'ipotesi di una rivisitazione della disciplina dei CPT sono purtroppo tramontate. Temo che sia la direttiva comunitaria sui rimpatri (n.115 del 2008), che il Governo italiano ha tentato maldestramente di attuare con un sotterfugio adesso rientrato –quella che legittima l'estensione a 18 mesi della permanenza nei centri di identificazione ed espulsione–[8] sia la nuova normativa interna adottata nel novembre del 2008 in tema di asilo e protezione umanitaria –che aumenta notevolmente i casi di trattenimento negli stessi centri di identificazione ed espulsione– avranno effetti assai negativi sul sistema di accoglienza italiano e costituiscono la premessa per ulteriori violazioni dei diritti fondamentali della persona migrante.

Spero che possa ancora crescere la consapevolezza che è possibile denunciare quello che succede e documentarlo per ottenere un cambiamento di queste prassi. Spero anche che la presenza di rappresentanti della società civile greca ci permetta di creare un ponte nel tempo che duri, che permetta di seguire i casi di persone che dall'Italia vengono rimpatriate a Patrasso e che queste, avendo una sponda nella società civile in Italia e un'altra in Grecia, possano far valere meglio i propri diritti, quanto meno denunciando quello che hanno subito. Perché, ripeto, la denuncia è un passaggio fondamentale.

Mentre l'opinione pubblica in qualche modo ha percepito quello che succedeva a Lampedusa e tra Lampedusa e la Libia, a seguito di denunce che hanno attirato anche l'attenzione dei grandi media, mi pare non abbia ancora percepito quello che sta succedendo –e mi sembra altrettanto grave– tra l'Italia e la Grecia. Mi auguro che la collaborazione possa proseguire nelle forme che già abbiamo, nei siti che già utilizziamo, con la rete di avvocati che già esiste e con la rete di enti locali che fortunatamente, almeno in Emilia Romagna, fa un ottimo lavoro, non solo di accoglienza ma anche di formazione e di informazione.

---

8. V. alla nota 6 per sviluppi successivi.

6. Ahora, ¿hacia dónde?: criterios regionales y protección de refugiados en Latinoamérica y en las Américas[1]

José H. Fischel de Andrade[2]

Está creciendo la tendencia hacia la armonización de normas y procedimientos en una variedad de campos jurídicos, incluyendo la legislación sobre refugiados. Mientras la Convención de 1951 y su Protocolo de 1967 pueden guiar la sistematización de la aplicación práctica, la flexibilidad a menudo depende de realidades, valores y experiencias regionales. Lo pertinente sería que la política regional sobre la protección de refugiados debería complementar el régimen de Naciones Unidas, sin abandonar los principios generales aprobados por la comunidad internacional.

Las Américas en general y Latinoamérica (una sub-región del continente americano) en particular, han contribuido histórica y constantemente al desarrollo del derecho sobre refugiados, sus procedimientos y prácticas. Esto siempre se ha realizado con respeto a la Convención de 1951, el

1. Este trabajo es la base de una presentación hecha en el panel "Regional Instruments - A Comparative Review of the Operation of Regional Instruments in Europe, Africa and the Americas", el día 29 de Enero de 2009, durante la octava conferencia mundial bianual de la International Association of Refugee Law Judges (IARLJ), titulada "Ahora hacia dónde: Avistando la evolución futura de la protección internacional", celebrada en Ciudad del Cabo, Sudáfrica, desde el 27 a 30 de Enero de 2009.

2. LLN (São Paulo); Mst (Cambridge), PhD (Brasilia); Head of the UNHCR Field Office in Goz Beida, Chad. Las opiniones expresadas aquí son propias del autor y no reflejan necesariamente las opiniones de ACNUR o de Naciones Unidas.

Protocolo de 1967 y otros instrumentos de Naciones Unidas, lo que significa construir sobre lo que ha sido acordado a nivel global.

En este pequeño trabajo, introduzco y examino brevemente (I) el fundamento que hay tras el empleo de criterios regionales y la necesidad de su armonización; (II) los instrumentos y práctica de la sub-región latinoamericana relacionadas con las cuestiones de asilo; y (III) la estructura básica y jurisprudencia del sistema regional interamericano de derechos humanos, con especial atención al asilo y a aspectos de la migración forzosa.

II

El empleo de criterios regionales

No hace demasiado tiempo se afirmaba que el derecho sobre refugiados debería desarrollarse a un nivel global y que sería lamentable si las soluciones al problema de los refugiados no pudieran ser encontradas en el marco de Naciones Unidas.[3] Hoy se entiende que el momento no es oportuno para un marco legal construido por la adopción de nuevos instrumentos basados en criterios y necesidades universales.[4] Incluso si fuera posible no podría ser un conjunto universal de medidas prácticas o respuestas: los esfuerzos por atajar las causas, proteger a los necesitados y asumir responsabilidad en la resolución de los problemas deben diferir dependiendo del carácter del problema.[5]

Las iniciativas regionales necesitan ser conducidas de manera cuidadosa debido al impacto potencial de su "onda de efectos" sobre otras regiones. El objetivo del empleo de criterios regionales es mitigar los defectos y deficiencias de la Convención de 1951 relativos a la migración forzosa contemporánea y adaptar el derecho internacional sobre refugiados a los concretos problemas regionales de refugiados. En este proceso los instrumentos regionales deben necesariamente incorporarse y ser compatibles con los principios universales, y a su vez han de ser interpretados y aplicados en la

---

3. Ver A. Grahl Madsen, *Territorial Asylum*, London/Stockholm, Oceana Publ./ Almqvist & Wiksell Internacional, 1980, 66.
4. Ver G. Goles, 'Approaching the Refugee Problem Today', en G. Loescher y L. Monahan (eds.), *Refugees and International Relations*, Oxford, Clarendon Press, 1990, 383; P.H. Koojimans, 'Trends and Developments in Asylum and Admission of Refugees', *Yearbook of the International Institute of Humanitarian Law* 159(1986-1987); D.L. Garrido, *El Derecho de Asilo*, Madrid, Ed. Trota, 1991, 29.
5. P. Moussalli, 'International Protection: The Road Ahead', 3 *IJRL* 610 (1991).

práctica de acuerdo con estos principios. Los sistemas regionales no tienen el propósito de suplantar el sistema universal, sino más bien complementarlo y suplirlo si fuese necesario. En consecuencia, un asunto regional debería ser siempre analizado y discutido en consonancia al universal.

Los enfoques regionales presentan muchas ventajas. Al adaptar el sistema global a las realidades específicas de una región o comunidad, surgen varios factores positivos, como las particularidades específicas, la conjunción de intereses, la compatibilidad cultural y las tradiciones sociales. Además, las organizaciones regionales están generalmente en mejor posición para desempeñar un papel activo en el proceso de paz y en el mantenimiento de la misma, a causa de su cercanía geográfica, lo que facilita la consecución de consenso. Las soluciones, por tanto, deben ser "costumbres hechas" por las especiales circunstancias que se presentan.[6] Los enfoques regionales, por su naturaleza pragmática, facilitan la remoción de dificultades y limitaciones que a menudo caracterizan las acciones tomadas a nivel global. Por supuesto, hay también dificultades originadas por estos enfoques regionales, tales como la falta de experiencia, estructuras, recursos financieros y procedimientos de muchas organizaciones regionales para responder de modo efectivo a los conflictos y a las emergencias humanitarias.[7]

A pesar de tales puntos, el empleo de criterios regionales de protección de refugiados y sus mecanismos parece ser la mejor opción para articular y consolidar diversos principios regionales relevantes para solucionar los problemas de los refugiados.[8] Sin embargo, se requiere precaución para que dicho enfoque regional no lleve consigo una reducción del estándar que, con mucho esfuerzo, ha sido establecido a nivel universal.[9] Muchas regiones ya han experimentado tanto los beneficios y conveniencias de los enfoques regionales, como los instrumentos regionales que se tratan en este trabajo.

---

6. Ver L. Druecke, *Preventive Action for Refugee Producing Situations*, 2ª Ed., Frankfurt am Main, Verlag Peter Lang (European University Studies: Ser. 31, Political Science; vol. 150), 1993, 44.

7. Ver G. Loescher, *Beyond Charity: International Cooperation and the Global Refugee Crisis*, New York/Oxford, Oxford University Press 1993, 190; Drucke, supra, 175.

8. Ver P.M. Moussalli, 'Fundamental Principles in the International Protection of Refugees and Displaced Persons: The Role of the UNHCR', in *Round Table of Asian Experts on Current Problems in the International Protection of Refugees and Displaced* (Seminar of Manila, 14-18 Apr. 1980), San Remo, IIHL/University of the Filipines, 1980, 12.

9. Ibid.

Armonización de la protección de refugiados

Cuando planteamos la necesidad de regionalizar la protección de los refugiados, también debería considerarse la necesidad de armonizar políticas y normas. La armonización va más allá de un mero empleo de criterios regionales que englobe algunas tendencias comunes similares.[10] La armonización, más bien, debe ser entendida como un esfuerzo concertador comprensivo, que abarca la voluntad diplomática, política y legal de todos los estados de una región concreta. La armonización regional debe abarcar, principalmente, la legislación que define el término "refugiado", la interpretación de este concepto y el procedimiento para determinar el estatus de refugiado.

Sobre el empleo de la armonización regional, la posición del Alto Comisionado de las Naciones Unidas para los Refugiados (en adelante, ACNUR) es clara:

"unos enfoques regionales armonizados... son quizás la opción más prometedora para reforzar la protección. A medida que se progresa en la supresión de las barreras interiores de una región para el movimiento de personas y se coordinan las políticas regionales sobre admisión −y no admisión− de extranjeros, incluidos los solicitantes de asilo, es inevitable que las políticas nacionales relativas a la admisión de personas con necesidad de protección internacional tengan también que armonizarse...".[11]

La armonización de las políticas es necesaria por razones prácticas: desgraciadamente los desplazamientos de refugiados no desaparecerán pronto y casi siempre tienen un impacto en la región. Las prácticas regionales de coordinación y armonización harán posible la formulación de respues-

---

10. Un buen ejemplo son los varios acuerdos regionales concluidos desde el siglo pasado con respecto al 'estatus del asilado'. Reflejan una práctica regional y costumbre que existe pero no significa que esté armonizada. Incluso la Convención del Asilo Territorial de 1954, en primer lugar, es una manifestación de un derecho aceptado unánimemente por todos los Estados que actualmente representan la comunidad latinoamericana: ver H. Gros Espiell, 'El Derecho Internacional Americano sobre Asilo Territorial y Extradición en sus Relaciones con la Convención de 1951 y el Protocolo de 1967 sobre el Estatuto de los Refugiados', en *Asilo y Protección Internacional de Refugiados en América Latina* (Colloquium of Mexico, 11-15 May 1981), UNAM, 1982, 72.

11. ACNUR, 'Note on International Protection', UN doc. A/AC. 96-830, 7 de septiembre-1994, pár. 55. Ver también, la Conclusión n° 80 (XVII) del Comité Ejecutivo, 'Comprehensive and Regional Approaches within a Protection Framework'.

tas concertadas mejor adaptadas que las medidas tomadas por iniciativa propia, especialmente en un contexto humanitario, de los problemas que surgen de los flujos de refugiados.

III

América Latina ha contribuido a desarrollar el empleo de criterios regionales dirigido a una mejor protección de los refugiados. Además de los instrumentos regionales que, desde el siglo XIX, han construido la base para el estatus de "asilado",[12] algunos países latinoamericanos han desarrollado mecanismos y conceptos que han resuelto los problemas contemporáneos de los refugiados de una manera pragmática.[13] Como no había voluntad política para apoyar los renovados intentos para un régimen regional de refugiados en la línea de la Convención de la Organización de Estados Africanos, por la que se regulan los aspectos específicos de problemas de los Refugiados en África de 1969, la solución encontrada en la región fue la Declaración de Cartagena sobre Refugiados, adoptada en una reunión celebrada en Colombia en 1984.[14]

La conclusión n° 3 de la Declaración de Cartagena de 1984 señala que,

"La definición o concepto de refugiado recomendable para su utilización en la región es aquella que además de contener los elementos de la Convención de 1951 y el Protocolo de 1967, considere también como refu-

---

12. El término 'asilado' se refiere a la persona que disfruta de un estatus legal resultado de la aplicación de de alguno de los instrumentos latinoamericanos o de la pertinente legislación interna de ellos derivada y dirigida al 'asylum' (asilo.) 'Asilo' y 'Refugiados' y consecuentemente 'estatus de asilado' y ' estatus de refugiado' son conceptos diferentes en Latinoamérica.

13. El modelo de solución centroamericano para desplazamientos a gran escala de refugiados fue creado en la International Conference on Central American Refugees (CIREFCA), celebrada en Ciudad de Guatemala en mayo de 1989. Para el documento que guió las discusiones durante CIREFCA, ver H. Gros Espiell et all., 'Principles and Criteria for the Protection of and Assistance to Central American Refugees, Returnees and Displaced Persons in Latin America', 2, IJRL 83 (1990).

14. Citada como 'Declaración de Cartagena de 1984'. Para este texto, ver *La Protección Internacional de los Refugiados en América Central, México y Panamá: Problemas Jurídicos y Humanitarios* (Coloquio de Cartagena de Indias, 19-22 de nov. 1984) Bogotá, ACNUR/Centro Regional del Tercer Mundo/ Universidad Nacional de Colombia, 1986, 332-9.

giados a las personas que han huido de sus países porque su vida, seguridad o libertad, han sido amenazadas por la violencia generalizada, la agresión extranjera, los conflictos internos, la violación masiva de los derechos humanos u otras circunstancias que hayan perturbado gravemente el orden público".

El hecho de que el Comité Ejecutivo del Programa del ACNUR "acoja con beneplácito el empleo de criterios regionales para resolver los problemas de los refugiados de ámbito regional, que se pusieron ampliamente de manifiesto en el Encuentro (de Cartagena)" evidencia el importante potencial de estas iniciativas.[15]

Inicialmente enfocada hacia los problemas en América Central de finales de los años 70 y principios de los años 80, la Declaración de Cartagena de 1984 ha influido en los países latinoamericanos. En la conmemoración de su décimo aniversario, otro encuentro celebrado en San José de Costa Rica, confirmó la vocación regional de la Declaración de Cartagena de 1984. Las conclusiones decimoctava y vigésima de la Declaración de San José sobre Personas Refugiadas y Desplazadas de 1994, respectivamente,

"(toma nota) con particular interés, de los esfuerzos que viene desarrollando la "Consulta Permanente sobre Desplazados Internos en las Américas", como foro regional inter-agencial dedicado al estudio y tratamiento de los apremiantes problemas que enfrentan las personas desplazadas dentro de sus propios países por motivos similares a los que causan flujos de refugiados,

(y) (hace un llamamiento) a los Estados para que recurran a los foros regionales existentes en materias tales como asuntos económicos, de seguridad y protección del medio ambiente, con el propósito de que incluyan en su agenda la consideración de temas relacionados con refugiados, otros desplazamientos forzados y migraciones".[16]

Variar estándares regionales de definición de refugiados, procedimientos para determinar el estatus de refugiados así como tratamientos de los refugiados, puede, por supuesto, causar muchos problemas, p. ej., con respecto a la interpretación de los agentes de agresión, pero tienen la atractiva ventaja de regular cuestiones: las materias no reguladas no interesan a los

---

15. Conclusión nº 37 (XXXVI) del Comité Ejecutivo de ACNUR "Los refugiados centroamericanos y la Declaración de Cartagena sobre los refugiados".

Estados, no resuelven problemas, sino más bien, los crean. En ese caso, las iniciativas regionales pueden ser vistas como un marco práctico alternativo sin el cual las necesidades de los refugiados tendrían que ser abordadas a través de las líneas humanitarias y de los derechos humanos.[17]

Como en toda América Latina en general, y América Central en particular, los primeros intentos de armonización se sucedieron en la última mitad de los años 80, con ocasión de la Declaración de Cartagena de 1984 y la CIREFCA de 1989. La reciente Declaración de San José de 1994 sobre Personas Refugiadas y Desplazadas, en su quinta conclusión,

> "(insta) a los gobiernos a que impulsen, con la colaboración del ACNUR, un proceso de progresiva armonización de normas, criterios y procedimientos en materia de refugiados, basado en la Convención de 1951 y en el Protocolo de 1967 relativos al estatuto de los refugiados, la Convención Americana sobre Derechos Humanos y la Declaración de Cartagena".[18]

Aunque deseada, la armonización de los enfoques regionales de protección de los refugiados en América Latina no es una tarea fácil, a causa de las distintas experiencias y realidades que encaran los países de América Central y América del Sur. Estos han promovido políticas, regulaciones y prácticas diferentes. Lo que se reclama, por ahora, es el intercambio de información sobre las normas aplicables en cada país latinoamericano y establecer si el progreso en algunos países refleja la voluntad general de la región y también –al final– debatir si los países latinoamericanos son de hecho capaces de aplicar efectivamente la definición amplia de refugiado de la Declaración de Cartagena de 1984.[19] Si es así, entonces la región podría estar orgullosa de la armonización de su política y normas por elevar el estándar existente.

La armonización regional de la legislación aplicable en Latinoamérica relativa a los refugiados es en realidad necesaria para evitar conflictos y

---

16. Para las conclusiones y recomendaciones de la Declaración de San José sobre los Refugiados y Personas Desplazadas Internamente de 1994, ver *Memoria del Coloquio Internacional: 10 Años de la Declaración de Cartagena sobre Refugiados*, (San José de Costa Rica, 5-7 de diciembre de 1994), San José, ACNUR/IIDH, 1995, 415.

17. J.C. Hathaway, 'A Reconsideration of the Underlying Premise of Refugee Law', 31 (1) *Harv. I. LJ*. 175 (1990).

18. Ver *Memoria del coloquio...*, supra, 420.

soluciones contradictorias a problemas similares.[20] En la tarea de armonización de la legislación interna sin el contexto del derecho internacional existente sobre los refugiados y las peculiaridades regionales, tanto ACNUR como los órganos establecidos en la Convención Americana sobre Derechos Humanos de 1969 (la Comisión Interamericana de Derechos Humanos y la Corte Interamericana de Derechos Humanos, la última en su competencia consultiva) podrían probablemente jugar un papel relevante.[21]

La armonización de la legislación interna debería abarcar la definición de refugiado y los procedimientos para determinar su estatus. Sobre la definición de refugiado, la primera tarea es asegurar que todos los Estados de la región tienen una definición armonizada, lo que todavía no sucede en América Latina. Después está el problema crucial de asegurar que los Estados apliquen el criterio similarmente y que las interpretaciones nacionales estén en línea con los estándares que hayan sido establecidos regional o globalmente. Este problema está intrínsecamente unido a la necesidad de establecer procedimientos armonizados para determinar el estatuto de refugiado, porque las diferencias entre los sistemas nacionales de determinación hacen vano cualquier intento de armonizar la implementación de la definición de refugiado.[22] La armonización de los procedimientos para determinar el estatus de refugiado, que es deseable y factible en Latinoamérica,[23] necesita ser considerada bajo las directivas aprobadas por

---

19. A. Dálotto y R. Garreton, 'Developments in Latin America: Some further thoughts', 3 *IJRL* 500 (1991). La inclusión de la definición de refugiado en la Declaración de Cartagena en un esfuerzo de armonización ha sido sugerida por Resolución N.1336 (XXVO/95) de la Asamblea General de la OEA, adoptada en la 9ª sesión plenaria de 1995, que '2. [Urge a] los estados miembros a considerar la posibilidad de promover un proceso de armonización legal en los asuntos de refugiados, teniendo en cuenta los principios incorporados en instrumentos tales como la Convención sobre el Estatuto de los Refugiados de 1951, el Protocolo de 1967, la Convención Americana de Derechos Humanos, la Declaración de Cartagena de 1984, y la Declaración de San José de 1994'.

20. Ver la Resolución de la Asamblea General de la OEA N. 1504 (XXVII-O/97), adoptada en la séptima sesión plenaria de 4 de junio de 1997, la cual '5. [considera] la necesidad de armonizar progresivamente leyes, criterios y procedimientos respecto a los refugiados, en orden a proveer el tratamiento más adecuado a las personas en esa posición'.

21. Ver AA. Cançado Trindade, 'Discurso Inaugural', en *Memoria del Coloquio...*, supra, 27.

la comunidad internacional[24] y la experiencia regional: una especial atención ha de ser prestada sobre ciertos desarrollos internos que pueden servir para indicar lo que debe hacerse en la región.

IV

Estructura básica del Sistema Interamericano de Protección

El sistema interamericano para la protección de los derechos humanos surgió con la adopción de la Declaración Americana de los Derechos y Deberes del Hombre en abril de 1948. Este fue el primer instrumento internacional de derechos humanos de naturaleza general, precediendo a la Declaración Universal de los Derechos Humanos de diciembre de 1948.

La Comisión Interamericana de Derechos Humanos (IACHR, o Comisión) fue creada en 1959. Celebra su primer encuentro en 1960 y realiza su primera visita "in situ" para inspeccionar la situación de los derechos humanos en un estado miembro de la Organización de Estados Americanos (OEA) en 1961. Un gran paso en el desarrollo del sistema se produjo en 1965, cuando la Comisión fue expresamente autorizada para examinar casos específicos de violación de derechos humanos. Desde esa fecha el IACHR ha recibido miles de peticiones y ha resuelto más de 12.000 casos individuales.

Los más altos cargos del IACHR son los siete miembros de la Comisión. Estos son elegidos por la Asamblea General de la Organización de Estados Americanos, por un período de 4 años, con la posibilidad de reelección en una ocasión, por lo que el máximo tiempo en el cargo es de 8 años. Actúan a título personal y no representan a sus países de origen, sino antes bien a "todos los países miembros de la Organización" (Art. 43 de la Convención Americana sobre Derechos Humanos). El artículo 42 del mismo texto dice que "deben ser personas de alta autoridad moral y reconocida competencia en materia de derechos humanos". Simultáneamente no pueden ser

---

22. Ver E. Arboleda, 'The Convention Refugee Definition in the West A Legal Fiction?', 5, *IJRL* 68 (1993).

23. Ver, entre otros, K Asomani, 'Análisis histórico de la Situación de los Refugiados en América Latina que propició la Adopción de la Declaración de Cartagena sobre los Refugiados de 1984 ', en *Memoria del Coloquio...*, supra, 192; ACNUR, 'Declaración de Cartagena, diez años después', en *Memoria del Coloquio...*, supra, 52, 59, 75.

24. Ver, por ejemplo, Conclusiones del Comité Ejecutivo N° 8 (XXVHI), N° 28 (XXXIII), y N° 30 (XXXIV).

miembros de la Comisión dos nacionales de un mismo estado (Art. 37) y deben abstenerse de participar en la discusión de los asuntos en los que están involucrados los países de los que son nacionales.

Actualmente la tarea principal de la IACHR es promocionar la observancia y defensa de los derechos humanos en las Américas. En virtud de este mandato (I) recibe, analiza e investiga peticiones individuales que alegan violaciones de concretos derechos humanos protegidos en la Convención Americana sobre Derechos Humanos; (II) evalúa la situación general de los derechos humanos en los estados miembros de la OEA y, cuando es necesario, prepara y publica informes sobre derechos humanos en países concretos; (III) realiza visitas *in situ* para examinar la situación general de los derechos humanos en los estados miembros o investigar casos específicos; (IV) fortalece la conciencia pública sobre el respeto de los derechos humanos y divulga estas cuestiones en todo el hemisferio; (V) organiza conferencias, seminarios y encuentros con gobiernos, ONG's, instituciones académicas, etc., para informar y concienciar sobre cuestiones relacionadas con el sistema interamericano de los derechos humanos; (VI) anima con recomendaciones a los estados miembros para que adopten medidas progresivas en favor de la protección de los derechos humanos, al igual que disposiciones apropiadas para fomentar el debido respeto a esos derechos; (VII) requiere que los Estados adopten medidas cautelares para prevenir daños serios e irreparables de los derechos humanos en casos urgentes; (VIII) remite asuntos a la Corte Interamericana de Derechos Humanos e interviene en esos mismos casos ante la Corte; y (IX) solicita a la Corte Interamericana opiniones consultivas en asuntos relacionados con la interpretación de la Convención Americana u otros instrumentos relacionados.

En 1969, los principios base de la Declaración Americana fueron reformados y modificados en la Convención Americana sobre Derechos Humanos (la Convención Americana,[25] también conocida como "Pacto de San José"). La Convención Americana define los derechos humanos que los estados parte se comprometen a respetar y garantizar, y también dispuso el establecimiento de la Corte Interamericana de los Derechos Humanos (IACrtHR o Corte). Actualmente ejerce competencia sobre 24 de los 35 estados miembros de la Organización de Estados Americanos.

---

25. OEA, Serie Tratados n° 36, 1144 UNTS 123, que entró en vigor el día 18 de julio de 1978, reimpresa en *Instruments Pertaining to Human Rights in the Inter-American System*, OEA/Serv, L.V./II.82 doc. 6 rev. 1 a 25 (1992).

La Corte es una institución judicial autónoma y, a diferencia de la IACHR, está radicada en la ciudad de San José de Costa Rica. Fue establecida en 1979 con el propósito de reforzar e interpretar las previsiones de la Convención Americana sobre Derechos Humanos. Sus dos funciones principales son jurisdiccional y consultiva. De acuerdo con la primera, conoce y resuelve los casos específicos de violaciones de los derechos humanos que le son sometidos. Bajo la última, emite opiniones sobre los problemas de interpretación legal solicitados por cualquiera otro órgano de la OEA o por los estados miembros.

La función jurisdiccional permite a la Corte a resolver los asuntos presentados ante ella en los cuales un estado parte en la Convención, que antes ha aceptado su competencia contenciosa, es acusado de una violación de los derechos humanos. Además de ratificar la Convención, un estado parte puede voluntariamente aceptar la jurisdicción de la Corte para ser competente para conocer un asunto que le afecte. La aceptación de la jurisdicción contenciosa puede ser declarada con carácter general, bajo condición de reciprocidad o, alternativamente un estado puede aceptar someterse a la jurisdicción de la Corte en un asunto específico.

En la Convención Americana, los asuntos pueden ser sometidos a la Corte sólo por la Comisión Interamericana de Derechos Humanos o por un estado parte. En contraste con el sistema europeo de los derechos humanos, a los ciudadanos individuales de los estados miembros de la OEA no les está permitido someter asuntos directamente a la Corte: los individuos que crean que sus derechos han sido violados tienen primero que presentar una queja ante la Comisión que debe reconocer la admisibilidad de la reclamación. Si el caso es considerado como admisible y el Estado es considerado como responsable, la Comisión generalmente le presentará una lista de recomendaciones para reparar la violación. Sólo si el Estado falla al cumplir estas recomendaciones, o si la Comisión decide que el caso es de particular importancia o de interés legal, podrá el asunto ser remitido a la Corte. La presentación de un caso ante la Corte, puede por lo tanto ser considerado una medida última, tomada sólo después de que la Comisión fracase al resolver el problema de una manera amistosa.

Los procedimientos ante el Tribunal están divididos en dos fases, escrita y oral. En la fase escrita, la demanda se presenta indicando los hechos, las víctimas, la prueba y testigos que el demandante planea presentar para el proceso, y las reclamaciones por indemnizaciones y costas. Si la demanda es declarada admisible, el secretario de la Corte notifica a los jueces, el estado o la Comisión (dependiendo de quien plantea la demanda), a las víctimas o sus parientes, a los otros Estados miembros y a los servicios de la OEA. En los 30 días siguientes a la notificación, cualquiera de los interesados en el caso puede presentar un escrito conteniendo objeciones preliminares a la demanda. Si lo estimase necesario, la Corte puede convocar una audiencia para tratar estas objeciones. También, por razones de economía procesal, pueden tratarse las objeciones preliminares de los interesados y el fondo del asunto en la misma audiencia. En los 60 días siguientes a la notificación, el demandado puede presentar una respuesta escrita a la demanda, indicando si acepta o discute los hechos y reclamaciones que contiene. Una vez que ha sido recibida esta respuesta, cualquiera de los interesados en el asunto puede requerir del Presidente de la Corte permiso para incluir peticiones adicionales antes del inicio de la fase oral.

El presidente fija la fecha para el comienzo de la fase oral, para la cual la Corte se considera constituida con la presencia de cinco jueces. Durante esta fase, los jueces pueden preguntar cualquier cuestión que necesiten clarificar a cualquiera de las personas que comparezcan ante ellos. Los testigos, peritos y otras personas admitidas en los procedimientos, pueden ser preguntados en relación a lo pedido, por los representantes de la Comisión o del Estado, o por las víctimas, sus parientes o sus representantes. Al presidente le está permitido valorar la relevancia de las cuestiones preguntadas y excusar de responder a la persona preguntada de una cuestión, sin ser rechazada por la Corte.

Tras oír a los testigos y expertos y analizar las pruebas presentadas, la Corte emite su resolución. Sus deliberaciones son secretas y, una vez se adopta la resolución, se notifica a las partes interesadas.

Si el contenido de la resolución no cubre las indemnizaciones aplicables al caso, estas pueden ser determinadas en audiencia separada o a través de algún otro procedimiento que decida la Corte. Las indemnizaciones que establezca la Corte pueden ser de naturaleza pecuniaria y no pecuniaria. La forma más directa de indemnizar es a través de pagos monetarios a favor de las víctimas o sus familiares. Sin embargo, también se puede pedir al estado que otorgue reparaciones no pecuniarias, como ofrecer reparación pública por sus responsabilidades, adoptar medidas dirigidas a prevenir violaciones similares que puedan ocurrir en el futuro, y otras formas de compensación no pecuniaria.

Las decisiones de la Corte no admiten apelación, y los interesados pueden realizar peticiones sobre interpretación a través del Secretario de la

Corte en el plazo de 90 días desde la adopción de la resolución. Cuando sea posible, estas peticiones serán atendidas por el mismo grupo de jueces que haya resuelto el fondo.

La función consultiva de la Corte permite responder a las consultas efectuadas por las agencias de la OEA y los estados miembros respecto a la interpretación de la Convención u otros instrumentos relacionados con los derechos humanos en las Américas; también permite dar opiniones sobre el derecho interno y la legislación que se propone elaborar, y clarificar si son o no compatibles con las previsiones de la Convención. Esta jurisdicción consultiva es aplicable a todos los Estados miembros de la OEA, no sólo a aquellos que hayan ratificado la Convención y aceptado la función jurisdiccional de la Corte. Las respuestas de la Corte a estas consultas son publicadas separadamente a sus decisiones contenciosas, como opiniones consultivas.

Como prevé el Capítulo VIII de la Convención Americana, la Corte se compone de siete jueces de la más alta autoridad moral de los estados miembros de la OEA. Son elegidos por seis años por la Asamblea General de la OEA y pueden ser reelegidos por un periodo adicional de seis años.

Ningún Estado puede tener dos jueces en la Corte al mismo tiempo, aunque —a diferencia de los miembros de la Comisión Interamericana— los jueces no son obligados a abstenerse de conocer asuntos en los que estén involucrados sus países de origen. Incluso un estado parte demandado que no tenga uno de sus nacionales entre los jueces de la Corte está habilitado, según el artículo 55 de la Convención Americana, para designar un juez *ad hoc* específico para integrar la Corte al conocer el caso.

Jurisprudencia del Sistema Interamericano de Protección de los Derechos Humanos con atención particular en asilo y cuestiones de migraciones forzosas.

Las dos disposiciones del Pacto de San José más relevantes sobre cuestiones de asilo están en los apartados 7 y 8 del artículo 22 (Derecho de circulación y residencia):

"7. Toda persona tiene el derecho de buscar y recibir asilo en territorio extranjero en caso de persecución por delitos políticos o comunes conexos con los políticos y de acuerdo con la legislación de cada Estado y los convenios internacionales.

8. En ningún caso el extranjero puede ser expulsado o devuelto a otro

país, sea o no de origen, donde su derecho a la vida o a la libertad personal está en riesgo de violación a causa de raza, nacionalidad, religión, condición social o de sus opiniones políticas".

Desde entonces no ha sido presentado ningún caso a la Corte[26] relacionado con violaciones de estas dos disposiciones. Sí han sido conocidos, sin embargo, algunos casos por la Corte con relevancia sobre cuestiones de asilo y de migraciones forzosas.

En el ejercicio de su función judicial la Corte ha declarado que el deber de motivar las decisiones por parte del estado está comprendido en el artículo 8 de la Convención Americana, que se refiere al derecho de un proceso justo.[27] La Corte también ha determinado que todas las decisiones que afectan a derechos fundamentales han de ser motivadas, pues de otra manera serán reputadas como arbitrarias.[28] El ACNUR ha considerado que esta decisión es aplicable, por analogía, a los procesos de determinación del estatus de refugiado.

En un asunto donde "el proceso justo" fue otra vez considerado, la Corte declaró que las garantías mínimas del procedimiento del Art. 8(2) de la Convención Americana, deberían ser observadas en todas las instancias (sean estos procedimientos de naturaleza judicial o administrativa) donde quiera que los derechos fundamentales se vean afectados.[29] De nuevo, de acuerdo con ACNUR y a la luz de la decisión de la Corte sobre los procedimientos estatales, para la determinación del estatus de refugiado deberían observarse las garantías mínimas del procedimiento del Art. 8(2) de la Convención Americana.

En un asunto interesante la Corte estableció que como hermana de la víctima principal

---

26. Debido a límites editoriales este trabajo no tratará la jurisprudencia de la Comisión Inter-Americana de Derechos Humanos.

27. Art. 8.1 dice: "Toda persona tiene derecho a ser oída, con las debidas garantías y dentro de un plazo razonable (...) para la determinación de sus derechos y obligaciones de orden civil, laboral, fiscal o de cualquier otro carácter".

28. El Tribunal ha declarado también que: "En el estado actual de evolución del derecho internacional, el principio fundamental de igualdad y no discriminación ha entrado en la esfera del "jus cogens"; ver I/A Court H.R., *Case of Yatama v. Nicaragua.* Preliminary Objections, Merits, Reparations and Costs. Judgment of June 23, 2005, Serie C n° 72, par. 184, y especialmente par. 147-164 y 181-229.

29. Ver I/A Court H.R., *Case of Baena-Ricardo et al. v. Panama.* Merits, Reparations and Costs. Judgment of February 2, 2001, Serie C n° 72, par. 124-130.

"sufrió dolorosas consecuencias psicológicas como resultado de la desaparición y muerte de su hermano, por tratarse de su único hermano, porque convivían bajo el mismo techo, y porque ella experimentó, junto con sus padres, la incertidumbre de no saber el paradero de la víctima y se vio obligada a trasladarse a Europa, donde ha vivido como refugiada en los Países Bajos. Todo esto da lugar a una indemnización directa por daños morales".[30]

La Corte también ha conocido unos cuantos casos relativos a extranjería y migración forzosa. Estos son relevantes, no sólo para los estados latinoamericanos sino también —como fuente de inspiración comparada— para los estados africanos que afrontan situaciones similares.

En un reciente asunto la Corte decidió que el Estado era responsable de la violación de los derechos previstos en el Artículo 22 (Derecho de Circulación y de Residencia) del Pacto de San José, en relación con el artículo 1(1) (Obligación de Respetar los Derechos), por el perjuicio de 702 personas que fueron forzosamente desplazadas.[31] La Corte fue más lejos para decir que

"En el momento en que los anteriores habitantes, que no lo han hecho aún, decidan regresar (a su lugar de origen), el Estado deberá garantizarles su seguridad, lo que deberá incluir la vigilancia de las condiciones prevalecientes en la forma y por el espacio de tiempo que permitan garantizar dicha seguridad. Si no existieran estas condiciones, el Estado deberá proveer los recursos necesarios y suficientes para asegurar que las víctimas de desplazamientos forzados puedan reasentarse en condiciones similares a las que se encontraban antes de los acontecimientos, en el lugar que ellas elijan libre y voluntariamente".[32]

---

30. Cf. I/A Court H.R., *Case of Castillo-Páez v. Peru*. Reparations and Costs. Judgment of November 27, 1998, Serie C n° 43, par. 89. Esta decisión es similar a otras tomadas por el Tribunal Europeo de Derechos Humanos; ver *Tusa v. Italy*, February 1992, Serie A n° 231-D, p. 42, par. 21; *Beldjoudi v. Francia*, 26 de marzo de 1992, Serie A n° 234-A, p. 30, par. 86; y *Kemmanche v. Francia* (Artículo 50), 2 de Noviembre de 1993, Serie A n° 270-B, p.16, par. 11.
31. Vid. I/A Court H.R., *Case of the Ituango Massacres v. Colombia*. Preliminary Objection, Merits, Reparations and Costs. Judgment of July 1, 2006, Serie C n° 148, par. 235.

En otro caso similar, el Tribunal indicó que

"En vista de la complejidad del fenómeno del desplazamiento interno y de la amplia gama de derechos humanos que afecta o pone en riesgo, y en atención a dichas circunstancias de especial debilidad, vulnerabilidad e indefensión en que generalmente se encuentran los desplazados como sujetos de derechos humanos, su situación puede ser comprendida como una condición individual de facto de desprotección respecto al resto de personas que se encuentren en situaciones semejantes. Esta condición de vulnerabilidad tiene una dimensión social, que se presenta en el contexto histórico específico del conflicto armado interno en Colombia, y conduce al establecimiento de diferencias en el acceso de las personas desplazadas a los recursos públicos administrados por el estado. Dicha condición es reproducida por prejuicios culturales que dificultan la integración de la población desplazada en la sociedad y pueden llevar a la impunidad de las violaciones de los derechos humanos cometidas en su contra".[33]

Más adelante dijo que

"En los términos de la Convención Americana, la situación diferenciada en que se encuentran las personas desplazadas obliga a los Estados a otorgar un trato preferente y a adoptar medidas de carácter positivo para revertir los efectos de su referida condición de debilidad, vulnerabilidad e indefensión, incluso vis-à-vis actuaciones y prácticas de terceros particulares".[34]

De una manera muy pragmática, la Corte veló en el interior del Estado por las garantías de seguridad de las personas desplazadas que deciden regresar determinando que

"(…) El Estado deberá enviar representantes oficiales a Mapiripán (el pueblo de origen) cada mes durante el primer año, para verificar el orden y realizar consultas con los residentes del pueblo. Si durante estas reuniones mensuales los habitantes del pueblo expresan preocupación respecto a su seguridad, el Estado debe adoptar las medidas necesarias para garan-

32. Ibid., parág. 404.
33. I/A Court H.R., *Case of the Mapiripán Massacre v. Colombia.* Merits, Reparations and Costs. Judgment of September 15, 2005, Serie C n° 134, par. 177.
34. Ibid., par. 179

tizarla, y estas acciones serán diseñadas consultando con los beneficiarios de las medidas".[35]

La Corte realizó una actuación destacable para involucrar a las víctimas en la solución de su situación, que va pareja con la idea de que las víctimas no son objetos sino sujetos efectivos de derechos. Este acercamiento es innovador en cuanto representa mejor los intereses de las víctimas y un intento de asegurar que la decisión está siendo llevada a cabo, es decir, que hay una obligación positiva supervisora impuesta por el Estado −y no sólo una negativa, que limita la conducta del Estado−.

En algunos casos la Corte también ha usado medidas provisionales para asegurar que las necesidades inmediatas de las personas desplazadas forzosamente son conocidas, tan pronto como suceda el desplazamiento forzoso no lejano, y que las personas desplazadas puedan retornar a sus lugares de origen. En bastantes ocasiones la Corte ha reclamado al Estado de Colombia, en consonancia con las disposiciones de la Convención Americana de los Derechos Humanos, a garantizar especial protección a las así llamadas "zonas de refugio humanitarias" establecidas por comunidades particulares comprendiendo personas desplazadas y, a ese efecto, adoptar las medidas necesarias para que puedan recibir toda la ayuda humanitaria enviada. La Corte también ha reclamado a los Estados asegurar las necesarias condiciones de seguridad para que los miembros de estas comunidades, que han sido forzosamente desplazados a las zonas de jungla o a otras regiones, puedan regresar a sus hogares o a las "zonas de refugio humanitarias" establecidas por estas comunidades. En algunos casos la Corte ha pedido a los Estados establecer una continúa vigilancia y mecanismos de comunicación permanente en las "zonas de refugio humanitarias".[36]

En el ejercicio de su función consultiva, la opinión consultiva más relevante hacia las cuestiones de asilo, fue la relativa a la *Condición Jurídica y Derechos de los Migrantes Indocumentados.*

La Corte estableció que el derecho al proceso justo tiene que ser recono-

---

35. Ibid, par. 313.
36. Ver entre otros I/A Court H.R., *Matter of The Communities of Jiguamiandó and Curbaradó regarding Colombia*; I/A Court H.R., *Matter of the Peace Community of San José de Apartadó regarding Colombia*; I/A Court H.R., *Matter of Pueblo indígena de Kankuamo regarding Colombia*; y I/A Court H.R., *Matter of Pueblo Indígena de Sarayaku regarding Ecuador.*

cido como una de las garantías mínimas que debería ser ofrecida a cualquier migrante, independientemente de su estatuto migratorio. La finalidad de la preservación del proceso debido debería abarcar todos los asuntos y todas las personas, sin discriminación alguna. De modo más importante, el estatuto migratorio de una persona no puede constituir una justificación para privarle del disfrute y ejercicio de los derechos humanos.[37] Como se ha mencionado anteriormente, este razonamiento ha sido usado por ACNUR respecto a los procedimientos para la determinación del estatuto de refugiado.

Igualmente con relevancia –especialmente en tiempos de "guerra contra el terrorismo"–, la Corte ha establecido que los Estados no pueden subordinar o condicionar el cumplimiento del principio de igualdad ante la ley y de no discriminación para conseguir sus metas de política pública, cualquiera que estos puedan ser, incluyendo a aquellas de naturaleza migratoria.[38] La potencialmente posición vulnerable de los migrantes, y particularmente de los desplazados forzosos, puede encontrar protección en esta decisión de la Corte.

Aunque no tiene el mismo peso que esta opinión consultiva, la opinión concurrente del Juez A.A Cançado Trindade elabora la construcción del derecho individual subjetivo al asilo. Reclama que el instituto del asilo es mucho más amplio que el significado atribuido al asilo en el ámbito del Derecho sobre Refugiados (es decir, equivale a refugiar), y que el instituto del asilo (especie general a la cual pertenece en particular el tipo de asilo territorial) precede históricamente por mucho tiempo el *corpus juris* mismo del Derecho sobre Refugiados. Con este fundamento puesto al día y una más integral comprensión del asilo territorial –que puede ser alcanzada desde el Artículo 22 de la Convención Americana sobre Derechos Humanos– se podría beneficiar a los trabajadores migrantes indocumentados, poniendo fin a su situación clandestina y vulnerable. En esa línea, el derecho de asilo tendría que ser reconocido precisamente como un derecho subjetivo individual, y no como una facultad discrecional del Estado.[39]

---

37. I/A Court H.R., *Juridical Condition and Rights of the Undocumented Migrants.* Advisory Opinion OC-18 of September 17, 2003, Serie A n° 18, puntos 7 y 8 del par. 173.
38. Ibid; punto 11 del par. 173.
39. Ibid., Opinión Concurrente del Juez A.A. Cançado Trindade, par. 31-43, y especialmente par. 39.

V

Como la naturaleza de los flujos de refugiados ha cambiado desde aquellas que podían haber esperado quienes proyectaron la Convención de 1951, los Estados han estado interpretando éste y otros instrumentos internacionales y aplicando la legislación internacional de refugiados de formas bastante diferentes. Una mejoría puede provenir de la racionalización y sistematización de la práctica existente.

La validez y relevancia de la Convención de 1951 debería guiar la racionalización y sistematización de la práctica habitual, lo cual es también premisa en la flexibilidad de la estructura actual. Esta flexibilidad dependerá a menudo de realidades, valores y experiencias regionales. Por tanto, el empleo de criterios regionales de protección de refugiados, sin infringir los principios generales establecidos por la comunidad internacional, deberían complementar y guiar acciones para resolver, o al menos aliviar, el problema de los refugiados.

En Latinoamérica hay variadas definiciones de "refugiado" y de las personas que son merecedoras de protección internacional, que se derivan de diversos instrumentos legales regionales y sub-regionales obligatorios y no obligatorios. Así, sólo un número muy limitado de países en Latinoamérica ha promulgado legislación sobre refugiados y establecido procedimientos para el reconocimiento formal de los refugiados. La armonización regional de la legislación en Latinoamérica –es decir, para aquellos países que han promulgado leyes sobre refugiados– es necesaria para evitar conflictos y soluciones contradictorias a problemas similares. Interesa a los Estados evitar materias no reguladas.

Tanto ACNUR y los órganos establecidos en la Convención Americana sobre Derechos Humanos de 1969 pueden jugar un papel útil en esta área. La Corte Interamericana de los Derechos Humanos, como se muestra en este trabajo, ha conocido ya varios casos en lo que profundiza en la protección del asilo –y en cuestiones relacionadas con los desplazamientos forzosos– especialmente a los solicitantes de asilo y personas desplazadas internamente. Se espera que en los próximos años el número de asuntos se incrementará, lo que favorecerá el avance de la protección de las víctimas de la migración forzosa en general, y de los refugiados en particular.